Business and Market

現代社会における企業と市場

in Contemporary Society

奥山 忠信・張 英莉 編著

村田 和博・文 智彦・磯山 優・堂野崎 衛・相馬 敦
中村 健太郎・平野 賢哉・葛目 知秀・三浦 庸男

八千代出版

はしがき

　今、市場へのイメージは大きく変化している。通貨金融市場の暴走が、世界に衝撃を与えていることがその一因である。しかし、それだけではない。市場と国家の関係が国際経済の変遷とともに、大きく変わってきている。市場に対する古典的な理解では、とらえられないような変化が起きているのである。

　いうまでもないことではあるが、経済も経営も市場を前提に行われる。そして、現実の経済だけではなく、市場は学問としての経済学にとって決定的な役割を果たしている。何よりも、経済学の確立を告げるアダム・スミスの『国富論』は、「見えざる手」が個々人の利己心に基づく活動を社会的調和に導くと、説いている。人々が利己心に従って活動したとしても、社会は混乱することはなく、調和に導かれるというのである。社会的に調和をもたらす市場の機能があるからこそ、欲望と競争の社会も健全な秩序を維持できる、と信じられていたのである。

　経済的な自由主義は、絶対王政のもとで行われた重商主義政策によるさまざまな規制を排除して確立してきた。市場は自生的に発展して国家の制約を打ち破り、成長を遂げた。市場経済は、国内市場の自由ばかりでなく、国際市場の自由、すなわち自由貿易を展開して、19世紀に世界の支配的な経済的ルールとなった。市場は、経済的な自由だけではなく、思想的な自由主義、さらには民主主義の基盤とまで考えられるようになった。

　しかし、市場の自由は、20世紀に大きく変質する。20世紀の前半には、金融資本や重工業の発達を背景に、先進国列強は植民地を支配し、世界はブロック化の方向に進む。第2次大戦後のいわゆるブレトンウッズ体制のもとでは、ブロック化を防ぎ自由貿易を復活させるためのさまざまな制度がつくられた。また、先進国は、過剰な競争を抑えた福祉型の社会を政策目標に掲げた。

しかし、戦後の世界経済システムは、1971年のニクソン・ショック以来大きく変質する。金・ドル兌換停止と先進国の変動相場制の確立によって、市場は常に変動にさらされるようになった。金の裏づけをなくしたドル紙幣が過剰に発行され、世界の金融市場を席巻するようになった。マネタリズムや新保守主義は、こうした状況下で1980年代以降の世界経済を主導した。市場の機能を高く評価し、競争の活力を強く訴えたのである。

　こうした中で、市場に対する国家の役割が求められ、重商主義対自由主義の時代と同じように、市場対国家という問題が大きな課題になった。市場と国家との綱引きがはじまったのである。市場に任せれば、貧富の格差が拡大し失業が増える。しかし、国家が力を持てば、市場における過剰な競争の弊害を押さえることも可能だが、このことによって経済の活力が失われ、場合によっては腐敗も広がる。

　1990年代以降のITと金融の革命的な発展を軸にグローバリゼーションが進行すると、経済と経営を取り巻く環境は大きく変化した。国際的なレベルでの企業の再編も進み、企業が急速に発達した技術力と情報処理能力をベースにすべての面でスピードを競い合う時代になった。

　しかし、通貨金融市場や原材料市場は発達した金融部門の餌食になり、混乱が繰り返される。アジア通貨危機、ITバブルの崩壊、リーマン・ショックとわずか15年の間に世界的な通貨金融危機が3回も発生している。

　そして今、市場と国家の関係は新たな局面を迎えつつある。国家が市場を制御することよりも、市場のルールあるいは新しい市場の育成をめぐって、国家が策定のプレーヤーになる時代になりつつある。これはさまざまな方面から行われた。ヨーロッパ諸国が広域経済圏ユーロを形成して域内の自由市場と統一通貨を確立したり、バーゼル合意（BIS規制）によって金融機関を規制するために国際的なルールづくりが行われたりしている。国家が主導した国際経済のルールづくりや自由貿易市場の形成は、時代の流れでもある。

　市場が自発的に発生し成長し国家の規制を乗り越えて発展するという時代から、国家と国家が政治的な思惑も含めてぶつかり合いながら、国際的な市

場や市場のルールをつくる時代になってきている。これに伴って市場の支配権をめぐって国家間のポリティカル・エコノミーが復権してきている。

　こうした時代の経営は、国際情勢を踏まえた新しい市場環境への理解なくしては不可能である。アダム・スミスの時代から約240年が経つ。現在では、市場に対して自然発生性や健全性を求めることは難しくなってきている。新しい時代の経営は、市場に対するリアルな現実を見つめながら行う必要がある。

　本書はⅡ部構成となっている。第Ⅰ部・企業編は、組織論、経営戦略論、人的資源管理論などの視点から、現代社会における企業組織の特質、現状および課題を解明しようとする5篇の論文によって構成されている。第1章はJ. S. ミル『経済学原理』で示された企業像を、経営組織論と経営資源論の観点から考察し、その経営理論的特質と問題点を明らかにした。従来のミル研究において、経営学的アプローチが用いられることはきわめて少なかったとともに、『経済学原理』の叙述内容をただ単に整理するのではなく、C. I. バーナードや J. B. バーニーといったミル以後の経営理論を分析ツールとしている点において、本章は独創的であるとともに先駆的な研究であるといってよい。

　第2章は、戦略的意思決定プロセス研究における計画型モデルと創発型モデルに関する理論的考察を行っている。公式的戦略計画システムは、アメリカにおいて、1960年代に経営学の領域で登場し、1970年代初期に多くの実践で活用されたが、戦略的意思決定プロセス研究において、公式 VS 非公式、計画型 VS 創発型など二項対立的な議論の中で批判的に捉えられている。本章では、このような二項対立的な諸議論において、計画型モデル批判がいかに展開されたのかについて、およびそのような批判にさらされてきた計画型モデルがいかに変貌を遂げてきたのかについて考察し、これらの対立するモデルの活用パターンを明らかにしている。

　第3章は組織における責任の問題について取り上げている。これまで、組

織論において「責任とは何か」という責任の定義に関しては、曖昧に取り扱われてきた。そこで本章では、法学、システム論、経営学、社会学などのさまざまな議論を踏まえ、組織における責任を、「組織における問題発見・解決の契機」と捉えることにしている。そして、このように捉えた責任が、組織においてどのように機能するのか、また、組織における責任と権限の関係はどうあるべきかについて、医療機関の1つである訪問看護ステーションを例にとりながら検討している。

第4章では、平成22年3月に刊行された農林水産省総合食料局補助事業における平成21年度食品産業構造調査「食品企業財務動向調査報告書—食品企業におけるPB取り組みの現状と課題—」を手がかりに、食品小売業におけるPB取り組みの実態、食品メーカーにおけるPB取り組みの実態について、アンケート結果やヒアリング調査を踏まえてPB開発の現段階を整理し、わが国におけるPB開発のあり方や今後の方向性について考察している。

第5章は国際人的資源管理の視点から、在中国内陸部日系多国籍企業の事例研究を通して、日系企業の国際人的資源管理の現状、特徴および問題点を浮き彫りにし、今後の課題と変化の可能性を検討している。在中国日系企業は欧米企業に比べ、人の現地化が遅れており、優秀な人材の活用が不十分であると指摘されてきたが、本章は現地調査の結果に基づいて、日系企業が中国人人材だけでなく、第3国籍人材や本国籍人材（日本人の現地採用）についても積極的に人材マネジメントを試みていることを明らかにした。

第Ⅱ部・市場編は、貨幣市場、消費者金融市場、労働者派遣市場、為替市場、市場の予測と「リスク追求」傾向との関係、および1920年代アメリカの鉄鋼市場をテーマとする、現代社会における市場メカニズムを掘り下げる6篇の論文によって構成されている。第6章は貨幣量の大きさや貨幣量の増加が、市場や経済にどのような影響を与えるか、この今日的な課題を、古典派経済学の先駆者であるヒュームの貨幣論を通して考察している。ヒュームは貨幣数量説を完成の域に高め、いわゆる機械的貨幣数量説、連続的影響説、貨幣（金銀）の国際的な自動調節機構の存在を主張した。しかしながら、そ

の理論は、新しくしつつある商業と製造業を軸とした市場とそれに基づく経済体制を理念として、そこにおける貨幣の役割を考察したものであった。

第7章は消費者金融市場と多重債務問題を検証している。金銭の貸借という意味での消費者金融は、古く奈良時代からあったといわれている。その元祖が現在でも生き残っている「質屋」である。これとともに「無尽」や「頼母子」が庶民の金融をつかさどってきた。時を経て現在、貸金業者としての4大消費者金融会社（アコム、武富士、プロミス、レイク）の社会に対する貢献度は、よい意味で非常に高いものがあったといえよう。しかしながら、その裏側では高利であるがゆえに、自己破産者や多重債務者といった多くの人々を発生させてしまってきた。彼らや今後借り入れをしようとする人々を対象とする「改正貸金業法」が2010年6月に施行された。この「改正貸金業法」によって、消費者金融業界は、どのように変わったのか、また変わっていくのかを検討した。

第8章では、不確実な状況下で利得と損失の結果の変動がより大きい選択肢を選びやすい個人特性の潜在的な特徴について、「リスク追求」尺度に対する回答傾向に着目した実データの分析を通じて、より詳細な知見を導くことを試みた。実際の回答データの収集には、プロスペクト理論の発展過程において発見された、期待効用に基づく合理的な行動からのバイアスに関する代表的な質問を利用した。このデータに対して、潜在的な下位集団を想定した統計モデルによる分析を行い、個人差の詳細が明らかとなった。

第9章では、労働者派遣市場と派遣労働者の活用について検討を行っている。急速な景気後退とともに派遣労働者の削減が社会的にも話題となり、労働者派遣法改正へ向けた動きも進行中であるが、「専門26業務」の厳正化への疑問を呈している。すなわち法制定以前にみられた派遣労働へのニーズをみると、必ずしも高度の専門性を要するものではなく、一定の事前教育訓練を施し、現場での経験を積みながら求められる業務遂行レベルを満たすことの可能な業務にこそ派遣労働のニーズが存在することである。

第10章ではアジア通貨危機（1997年7月）からリーマン・ショック（2008

年9月）前後までの期間を対象として、拡張バッファー・ストック・モデルとパネルデータを用いて、アジア諸国における外貨準備保有高の変動要因を定量的に分析するとともに、各国の経済状況や市場規模を考慮に入れた外貨準備保有高の適正水準の推定を行っている。そして、グローバル・インバランスが拡大している中での国際金融市場や国際資金フローの変化を捉え、アジア諸国における今後の外貨準備政策の方向性について検討している。

第11章はアメリカ鉄鋼業の市場動態を分析した。戦後恐慌からの鉄鋼業の業績回復は、東部市場における Bethlehem Steel Corp. の一連の資本集中運動を通して Pittsburgh 基点価格制の機能回復と1924年に採用された複数基点価格制による価格の安定に基づいている。新価格制の1920年代のアメリカ鉄鋼業の蓄積は軽量鋼材分野の新規需要の拡大に牽引され、新市場に対応した中堅企業の資産拡大が顕著であるのが特徴である。本章は鉄鋼市況の動向から1920年代の鉄鋼業の蓄積実態を明らかにした。

本書は埼玉学園大学の研究助成金による共同研究の成果である。ここに記して大学に深く感謝したい。また、本書の出版にあたり、快く出版を引き受けてくださった八千代出版の大野俊郎氏、編集作業に尽力された岩谷美紀氏に衷心より御礼を申し上げたい。

著者を代表して
奥山忠信・張　英莉

目　次

はしがき　iii

第Ⅰ部　企　業　編

第1章　J. S. ミル『経済学原理』の経営理論的考察
　　　　──経営組織論・経営資源論的アプローチ…………………………… 3

　1　はじめに　3
　2　経営組織論的アプローチ　4
　3　経営資源論的アプローチ　8
　4　む　す　び　13

第2章　戦略的意思決定プロセス研究における
　　　　計画型モデルと創発型モデルに関する理論研究 …………………… 19

　1　はじめに　19
　2　戦略的意思決定プロセス研究における計画型モデル批判　20
　3　計画型モデル研究からの反論　26
　4　計画型モデルと創発型モデルの活用に関する検討　29
　5　小　　括　32

第3章　組織における責任
　　　　──訪問看護ステーションを中心に……………………………………… 37

　1　問題の所在　37
　2　責任の概念に関する諸説の検討　39
　3　責任と組織　44
　4　今後の課題　49

第4章　日本の食品企業におけるPB開発の動向と諸課題
　　　　──食品企業財務動向調査報告書を中心に …………………………… 55

　1　はじめに　55
　2　PB開発の進展と発展過程　57
　3　食品スーパーにおけるPB開発の実態　61
　4　食品メーカーにおけるPB開発の実態　65
　5　PB対応をめぐる小売とメーカーの課題と展望　70

第5章　日系多国籍企業の国際人的資源管理
　　　　──在中国内陸部日系企業の事例分析 ………………………………… 75

　1　はじめに　75

② 国際人的資源管理の定義　76
　　③ 在中国内陸部日系企業の事例分析　77
　　④ おわりに　91

第Ⅱ部　市　場　編

第6章　市場における貨幣量の役割
　　　　　──David Hume の貨幣論……………………………………………97
　　① 序　　言　97
　　② 重商主義と貨幣数量説　98
　　③ ヒュームの経済学　102
　　④ ヒュームの貨幣論　105
　　⑤ 結　語　113

第7章　消費者金融市場と多重債務問題………………………………117
　　① 消費者金融の黎明期から貸金業へ　117
　　② 過去約40年の消費者金融とその貢献　119
　　③ 改正貸金業法と消費者金融業者　124
　　④ 改正貸金業法の施行と今後　126

第8章　市場の予測と「リスク追求」傾向……………………………133
　　① プロスペクト理論と「リスク追求」傾向　133
　　② データの収集と尺度化　139
　　③ 基礎的な分析　140
　　④ 探索的因子分析と項目反応理論による尺度化　145
　　⑤ 潜在クラスを仮定した分析　148

第9章　労働者派遣市場と派遣労働者活用の再考……………………151
　　① はじめに　151
　　② 労働者派遣市場をめぐる今日的状況　152
　　③ 労働者派遣法改正に向けた議論　157
　　④ 諸外国における派遣労働の実態と示唆　159
　　⑤ 派遣労働者活用の再考　163
　　⑥ むすびに：派遣労働者活用の可能性と課題　165

第10章　アジア諸国における外貨準備保有高の変動要因と適正水準
　　　　　──パネルデータによる分析…………………………………171
　　① はじめに　171
　　② グローバル・インバランスとアジア諸国の外貨準備保有高の推移　174
　　③ 外貨準備保有高の理論分析と実証分析：先行研究のサーベイ　178
　　④ 実　証　分　析　181
　　⑤ 結論と今後の研究課題　187

第 11 章　アメリカ鉄鋼業の市場動態
　　　　——1923-1929 年市況……………………………………………… 193
　　1　はじめに　193
　　2　1920 年代鉄鋼業の蓄積概観　194
　　3　1920 年代繁栄期における鉄鋼業の市場動向　196
　　4　鉄鋼業の鋼材需要・生産動向　203
　　5　結びに代えて：主要鉄鋼企業の資産、収益率　207

索　　引　213
執筆者紹介　217

第Ⅰ部

企 業 編

第1章

J. S. ミル『経済学原理』の経営理論的考察
―― 経営組織論・経営資源論的アプローチ

1　はじめに

　J. S. ミル（John Stuart Mill〔以下ミルと略記する〕）は、イギリス古典派経済学期に活躍した社会思想家である。彼は多才で、哲学、政治学、経済学など多くの分野にわたってすぐれた著書を多く残したが、1848年に公刊された『経済学原理』（Mill, 1848）もその1つである。『経済学原理』は経済分野について広く考察した著書であるが、その中に企業に関する叙述が部分的にではあるが見出されるため、ミルの企業に関する学史的研究も進められてきた。
　ミルの企業に関する先行研究は、企業形態を中心に行われてきた。つまり、個人企業、合資会社、株式会社、およびアソシエーション（association）の特質を、資本の調達、出資者責任、管理者能力などの観点からミルの叙述に即しつつ学説史的に考察してきたのである。中でもアソシエーションは注目されることが多く、研究の多くは比較制度的な観点から考察されてきた[1]。しかし、企業的側面に着目する研究でありながら、分析ツールとして経営組織や経営資源などの経営理論を用いる手法が、これまでのイギリス古典派経済学研究において採用されることはなく、ミル研究についても同じことがいえる。古典派経済学の研究に従事する者たちが経営理論を軽視した一方で、経営組織論におけるバベッジの原理への言及に例示されるように、経営学者たちの中には経営学の理論に古典派経済学の成果を導入しようと試みる者たち

がいる[2]。

イギリス経営学史研究が不十分な現状において、筆者は『19世紀イギリス経営思想史研究』(村田、2010a)においてミルの経営学的側面に注目し、ミルのモチベーション論の特徴として一体化欲求の充足が読み取れることを明らかにした。本章では、『経済学原理』の中にある企業に関する記述を、それ以後に形成されたバーナード理論と経営資源論を用いて考察することにより、これまでのミル研究で看過されてきたミル『経済学原理』の経営組織論と経営資源論の特質とその理論的問題点を解明したい。

2　経営組織論的アプローチ

ミルは労働生産性を上昇させる要因の1つとして、「分業の原理をも包括するところの一層根本的な原理」(Mill, 1848, p. 116：訳[一]226頁)としての協働を提示し、ウェイクフィールド (Edward Gibbon Wakefield) から学びつつ、協働を幾人かの人々が同じ場所で、同じ時間に、同じ仕事をしながら互いに助け合って労働する「単純な協働 (simple co-operation)」と異なる仕事に従事する別々の生産者が余剰生産物を交換することで互いに協力する「複雑な協働 (complex co-operation)」に分類する。歴史的には、単純な協働により余剰生産物が生じ、それを交換することで複雑な協働が生まれる。複雑な協働の事例として上着の生産が例示され、それには、綿羊の飼育業者、梳綿業者、紡績業者、織布業者、染色業者、仕立て業者、運送業者、卸売業者、問屋、小売商、といった人々の協働が存在する。さらに、彼らは食糧や家屋なしには生存できないから、それらを生産する人々とも協働していることになる。したがって、複雑な協働とは、独立した事業者たちが余剰生産物の交換を通じて成り立つ社会的分業のことである。

『経済学原理』の中では、協働が労働生産性を上昇させる理由が、ウェイクフィールドからの引用文を示すことで説明されている。まず、単純な協働の事例として、重い物の引き上げ、樹木の伐採、材木の鋸引き、製材、短期

間で多くの乾草や穀物を駆り集める作業、短い期間で広大な土地を排水する作業、および大きな船艇を漕ぐ作業、などが示されており、これらの事例から推察すれば、単純な協働が労働生産性を上昇させる理由を、大きな力の行使、作業時間の短縮、身体的適応力の克服、としてミルは理解していると考えられる[3]。一方、複雑な協働においては、各々の生産者は自らの余剰生産物を交換することで他商品を得ることができるが、翻して言えば、それは交換できなければ余剰生産物を作り出す誘因が生まれないことをも意味する。つまり、交換関係の存在が余剰生産物を作り出す刺激となり、労働生産性を引き上げることになる[4]。

さらに、ミルは、分業が労働生産性を引き上げる理由について、アダム・スミス（Adam Smith）から①労働者の技能向上、②労働時間の節約、③機械の発明、を学んだ。第1の労働者の技能向上は学習効果として理解できるが、コスト低下に与える効果はそれだけでなく、労働者が作業を習得するまでに失われる時間と原材料の損失の低下も指摘されている。第2の労働時間の節約は作業を変えるときに失われる時間（道具や機械の交換に必要な時間等）の節約のことだが、ミルは仕事を変えることにより精神と肉体を休息させることができるので、労働能率に好影響を与える場合もあると指摘する。さらに、ミルは分業の利益として、労働者の最適な能力別配置を意味するバベッジの原理を提示する[5]。また、分業は生産量の増大とともに効果的に適用できるようになるから、生産の増大を可能にする販路の確保、つまり市場の大きさに制限される。市場の大きさは、人口、市場へのアクセス、および人々の豊かさに依存する。

ところで、単純な協働は、人々が同じ場所に集まることによって成立するから、生産規模の増大とともに促進すると考えてよい。さらに、大規模生産の別の利益として管理組織の垂直的分化が指摘されており、これにより重要でない日常的な監督業務を下位の管理者に委譲し、上位の管理者はより重要な管理業務に専念することができるようになる。

ミルは、労働生産性に影響する要因として、上述した分業と協働以外に労

働者と管理者の技能と知識を指摘している。ここで注視すべきは、ミルが、産業上の諸作業の統制を有効に行うためには、勤勉と非凡な経営手腕が必要であると考え、企業利潤に影響する要因として管理者の役割を示している点である。それでは、ミルにおける管理職能とは、具体的に何を意味しているのであろうか。

　ミルの『経済学原理』では、管理職能やリーダーシップが、いずれかの章や節をあてて詳述されているわけではないが、『経済学原理』全体を通して見出される部分的な説明から労務管理（成果の配分や労働者の監督）と組織編制（分業の導入や機械の採用）などに関する管理職能を読み取ることができる。また、利潤の増加あるいは費用の低減をもたらす新しい生産方法を積極果敢に創出・採用する経営者の冒険的精神を意味する知的能動的資質をミルは重視している（杉原、2003、281-282頁）。さらに、労働者の監督という管理者の職務は労働者の人間性の進歩とともに軽減するとされるが、ミルのこの主張は、新聞、労働組合、政治運動などから得られる知識とアソシエーションなどの組織で全体の利益のために働くことを通じて人々の人間性が進歩すること、換言すれば、人々は公共の利益を求めるようになるというミルの人間性の進歩観とかかわっていることも合わせて理解されるべきである。

　このような管理職能に関する部分的な記述がある一方で、管理者が組織の存続に対して果たす役割に関するミルの言及に注目すべき内容は多くない。ミルの場合、企業の存続は利潤に関係し、利潤を獲得できない企業は消滅する。

　また、ミルは、協働を活性化させる要因として組織の構成員たちの協働の能力を指摘する。すなわち、協働の能力とは各自に割り当てられた仕事を忠実に実行しうる能力のことで、文明化とともに、また協働の実行とともに増大する傾向にある。ミルはこの協働の能力を行使する場所としてアソシエーション、それも労働者自身のアソシエーションに期待した。敷衍すれば、協働の能力を持つ自立した人々が少額の出資によりアソシエーションを設立し、そこで組織全体の利益のために活動することで彼らの人間性が進歩する。そ

の結果、構成員の協働の能力が上昇し、組織は活性化するのである[6]。

　ところで、組織の協働的側面に注目した論者としてバーナード（Chester I. Barnard）が有名であるが、彼は組織を継続的に活動させる専門業務として管理業務を位置づけ、伝達体系の提供、構成員の個人的活動の確保、および目的の定式化と規定、といった組織の存続に対して果たすべき管理者の役割について論じている。すなわち、管理者は、第1に共通目的とそれを達成するための具体的な方法を下位者が受容しやすい形で伝え、第2に適切な誘因の提供と説得により構成員から貢献を引き出し、第3に環境の変化に応じて目的を修正したり、細部目的が一般目的から遊離したりしないようにする。

　また、バーナードによれば、人間の行動は複数の道徳準則（moral codes）によって支配されている。この個人の中にある複数の道徳準則が対立するとき（例えば、家族義務の準則と仕事遂行上の準則との対立）、個人はその対立に苦慮し、結果的に責任観の減退や活動の不活発化に至る。そのとき、管理者は個人的な道徳準則と組織的な道徳準則の矛盾に苛まれる部下たちのために新しい道徳準則を、言い換えれば、個人目的よりも共通目的を優先するという信念を作り出して、協働に必要な凝集力を生み出さなければならない。

　ただし、バーナードは、個人的自由が協働の名のもとに犠牲になってはならないとも考えている。実際に、バーナードは『経営者の役割』（Barnard, 1938）の最後の一段落において、「私は人を自由に協働させる自由な人間による協働の力を信じる。また人間は協力して働くことを選択する場合にのみ完全な人格的成長を得ることができると信じる。また各自が選択に対する責任を負うときにのみ、人間は個人的ならびに協働的行動のより高い目的をそこから生み出す人間的交流を始めることができると私は信じる。協働の拡大と個人の成長は相互依存的なものであり、それらの適切な割合もしくはバランスが人類の幸福の必要条件であると私は信じる」（Barnard, 1938, p. 296：訳309頁）[7]と論述している。

　バーナードにとって、「人間は自由と責任をふまえた自律的人間」（飯野、1990、v頁）であり、個人は自由な選択力を持つ存在である。しかし、自由

な選択力を持つがゆえに、意思決定に困難をきたすことがある。バーナードによれば、「意思決定とは主として選択を狭める技術」(Barnard, 1938, p. 14：訳14頁) のことであり、通常は目的を設定することで個人の選択力を制限しようとする。また、個人に与える誘因を検討することで個人の行為を修正しようとする。すなわち、バーナード理論では、協働をうまく機能させるためには、誘因体系の見直しや共通の組織目的に対する信念を個人的に植え付けることなどを通じて個人の行為を修正させる必要があり、それが管理職能の本質として認識されているのである。

　古典派経済学期に活躍したミルもまた、協働、人々の自立、および人々の自由な意思決定と行為を尊重するとともに、それらから人々の人間的成長が実現できるものと期待した (村田、2010a、241-251頁)。その点から判断すれば、「協働の拡大と個人の成長は相互依存的」と理解するバーナードの人間観とミルのそれとは似ている。しかし、ミルの場合には、協働活動は、管理職能ではなく、労働者自らが人間的成長を通じて全体の利益を優先することができるようになることによって自然と促進すると考えられている。一方、バーナードにおいては、管理職能が「協働行為の機能を発展させるとともに、個人的発展を同時に促進すること、さらに、実際の活動においてこの2つを効果的に結びつけること」(Barnard, 1934, p. 23：訳32頁) として明確に認識されている[8]。この点において、両者は大きく違っている。

3　経営資源論的アプローチ

　現在の経営戦略論において、ポジショニング戦略と並び重要な位置を占める分析手法がリソース・ベースド・ビュー(RBV：Resource Based View) である。このRBVに属するバーニー (Jay B. Barney) は、リカードウ (David Ricardo) の差額地代論を、供給が非弾力的な肥沃な土地を保有している者が経済的レント (economic rent) を得るモデルとして把握する。すなわち、肥沃でない土地を保有する者も肥沃な土地を保有する者も、ともに利潤の極大化を目指

して、限界費用と限界収入が等しくなるように生産量を決定するが、その場合、相対的に肥沃な土地を持つ者は市場で決定される価格よりも低い平均総費用を実現しているために生産者余剰を獲得し、これが経済的レントに相当するというのだ。

しかし、有用でかつ稀少な経営資源は土地だけに限定されるものではない。バーニーによれば、供給が非弾力的な生産要素はほとんどないという暗黙の前提を多くの経済学者たちは置いていたが、企業で用いられる多くの経営資源の供給は、実際のところ非弾力的であり、リカードウの差額地代論における土地と同様に経済的レントの源泉となりうる[9]。

バーニーのVRIOモデルは、彼のこの見解を反映させたもので、企業の強みと弱みを4つの観点から分析する（Barney, 1997, pp. 159-160：訳250頁）。

① 経済価値（value）に関する問い＝企業の保有する経営資源やケイパビリティ（capability）は、その企業が外部環境における脅威や機会に適応することを可能にするか。

　外部環境における脅威や機会へ適応することで経営資源やケイパビリティは経済的価値を持ち、結果的に売上高の増加かコストの低下をもたらす。

② 稀少性（rarity）に関する問い＝その価値ある経営資源を現在コントロールしているのは、ごく少数の競合企業だろうか。

　多数の企業が保有している経営資源は、競争均衡の源泉となる。一方、価値と稀少性を持つ経営資源は、少なくとも一時的競争優位の源泉となりうる。こうした経営資源を保有する多くの企業は、業界における革新者であることが多い。

③ 模倣困難性（inimitability）に関する問い＝その経営資源を保有していない企業は、その経営資源を獲得あるいは開発する際にコスト上の不利に直面するだろうか。

　経済的価値のある経営資源を模倣するコストが大きくなる場合には、この経営資源を持つ企業は持続的競争優位に立つことになり、一定期

間の経済的レントを獲得することができる。
④　組織（organization）に関する問い＝企業が保有する、価値のある稀少で模倣コストの大きい経営資源を活用するために、組織的な方針や手続きが整っているだろうか。

組織に関する要素しては、公式の命令・報告系統、マネジメント・コントロール・システム、および報酬体系などがあり、これらの要素はそれ独自としては競争優位を生み出す力として限られているが、他の経営資源やケイパビリティと組み合わさったときに、競争優位を生み出す大きな力となる。

土地以外の有用でかつ稀少な経営資源がレントを生むという発想はミルにもみられ、ミルも地代に類似する「特別利潤（extra profit）」または「特別の利得（extra gains）」として非農業部門の企業利潤に地代的性質を適用した。以下、ミルの特別利潤について詳述しよう。

ミルは業種間における利潤率は均等化する傾向にあるというが、その際に業種間で利潤率の相違を生み出す諸要因を斟酌しており、それらを列挙すれば以下のようになる。

第1に、業種上の危険度の違いである。海上輸送のように事業遂行上の危険度が大きい場合には、利潤の構成要素のうちの保険が大きくなるために、他業種よりも利潤率が高くなる[10]。

第2に、薬剤業のように事業遂行上の特別な能力を必要とする場合には、利潤構成要素のうちの監督賃金部分が大きくなるために他業種よりも利潤率が高くなる。

第3に、自然的もしくは人為的独占がみられる業種では、利潤率が高くなる。

第4に、業種の仕事の遂行に伴う不快さや業種に対する社会的評価の程度の違いによるもので、仕事遂行に伴う不快さが高いほど、また業種に対する社会的評価が高いほど、利潤率は高くなる。

しかし、このような諸要因を斟酌すれば、すべての事業における資本の利

潤率は均等化する傾向にあるとミルは主張する。ミルは慎重に、事業間において均等化する利潤率とは「利潤の期待（expectations of profit）」のことであると述べるが、結局のところ、業種間における利潤率の均等化が意識されており、ポーター（Michael E. Porter）のように業界の長期的収益性が新規参入の脅威、顧客の競争力、代替製品・サービスの脅威、供給業者の競争力、という競争要因によって左右されるとは捉えていない（Porter, 1980, pp. 3-33：訳13-54頁）。つまり、ミルの場合、事業分野に関する有利なポジションをみつけたり、それを保持したりする戦略は存在せず、どの事業分野に投資するかについての意思決定は基本的に利潤率に反応するだけであり、その結果として事業間の利潤率は均等化するのである。

　しかし、ミルは、利潤率は事業間で均等化する傾向にあるとはいえ、個人間で「相等しい資本が等しい利潤をもたらすということを職業に関する一般的格率とすることは間違い」（Mill, 1848, p. 406：訳[二]401頁）だと主張している[11]。では、なぜ個人間で利潤率は相違するのか。それを知る手がかりが、『経済学原理』からの以下の3つの引用分にある。

　　もしもこの有利さが免税のような特別の免除か、あるいは何らかの個人的な肉体的または知的優越性に、あるいは彼らだけが知っている何らかの特別な工程に、あるいは他の人々よりも大きい資本を所有していることに、あるいはその他の列挙されうる様々な事柄に依存するならば、彼らは一般的な利潤（general profits）を超えた、ある種の独占利潤（monopoly profit）の性質を持つ特別の利得として彼ら自身でそれを獲得する。（Mill, 1848, p. 490：訳[三]83頁）

　たとえば特許の場合、言い換えれば、それにより生産費を低減させる工程を排他的に使用する特権の場合を取り上げてみよう。もしも生産物の価値が旧来の工程を続けざるをえない人々の生産費によって規定され続けるならば、特許を持っている人は、彼の工程がこれらの人々に対して

持つ有利さに等しい特別利潤を獲得するであろう。(Mill, 1848, pp. 494-495：訳[三]91頁)

ある生産者や商人がすぐれた事業上の才能を持っていることにより獲得する特別の利得も、全く同様の種類に属するものである。……彼は、彼の商品の価値が高い費用によって決定されているにもかかわらず、その商品を低い費用で市場に提供できることだけから特別の利得を手に入れる。(Mill, 1848, p. 495：訳[三]92頁)

　ミルは、『経済学原理』第1編第7章において、社会の生産性に影響する要素として労働者の知識・技能・誠実性といった人的資源と道具や機械といった物的資源を提示したが、以上の引用文から、企業間に存在するヒト、モノ、カネにかかわる経営資源の相違が企業間の生産費に格差を生み、生産費の低い企業は、そうでない企業に比べて「特別の利得」分だけの高い利潤を享受することができる、と主張していることが理解できる。この説明は、バーニーの経済的レントと基本的に同じである。生産費の格差を生み出す要因として、免税、優れた事業上の才能、肉体的または知的優越性、生産技術、大きい資本、および特許が例示されているが、「その他の列挙されうる様々な事柄」があると述べていることから分業と協働といった組織に関する要素などもミルは考慮していたことだろう。ただし、バーニーのVRIOモデルから理解できるように、それら経営資源が稀少性と模倣困難性を持つか否かが重要である。
　第1に、優れた事業上の才能についてであるが、ミルは、「どんな産業企業であれ、指揮し監督するのに適している人の数、もしくは覚えてさえいればよいような日常的な仕事に還元できないような何らかの工程を実行するのに適している人の数でさえ、いつもかなり不足している」(Mill, 1848, p. 107：訳[一]213頁)と述べていることから、少なくとも、その稀少性は高いといえる。個人の肉体的または知的優越性についても、同様のことがいえよう。

第2に、大きい資本についてである。ミルは労働生産性向上やコスト低減といった大規模生産の小規模生産に対する有利性を主張するが、信用制度が発達したために、借り手が信頼できる人物であれば、資本を借りることはさほど困難ではないと述べていることから、大きい資本の稀少性は低い。また、株式会社制度の普及により少額の出資を集めることも可能である。したがって、ミルの主張に即せば、それは持続可能な優位をもたらす経営資源にはなりえないと考えられる。だが、翻って言えば、資本の調達力を左右する企業者に対する社会的信頼性が彼だけに限定されるのであれば、その企業者に対する社会的評価が稀少性を持つ経営資源となりうることも否定できない。

　第3に、生産技術と特許についてである。他社が保有しない高い生産技術のことだが、その技術が模倣できるものであれば、持続可能な優位をもたらす経営資源にはなりえない。だが、特許により守られていれば、少なくとも特許権を行使できる期間においては、他社にはない特別な生産技術は持続的優位をもたらす経営資源となりうる。

　ミルが、少なくとも、企業間に存在する経営資源の分布の違いが企業間で利潤率を相違させることを知っていたことは、以上の検討から明らかである。しかしながら、彼は労働者階級の生活水準向上など経済社会全体の分析に主要な関心を持ったためか、個別企業単位での経営戦略へと分析を深化させることはなかった[12]。

4　むすび

　ミルは、協働する人々が相互に影響し合って人間性を変革させるという協働の持つ社会的側面に着目した。そう捉えられれば、ミルはバーナードと同様に、協働が物的要因と生物的要因だけでなく社会的要因にも影響して、組織における目的達成や生産効率の上昇に寄与することを洞察していたことになる。さらに、ミルは企業間で存在する経営資源の違いが企業間で利潤率を相違させることを指摘し、価値ある稀少な経営資源が利潤を生み出す理論的

フレームワークを地代論に応用する形で示していた。したがって、ミルが、少なくとも個別企業間で存在する経営資源の違いとそれに起因する生産性の相違に気づいていたことは確かである。

　ミルのこうした経営組織論と経営資源論に関する特質を指摘することができる一方で、同時に経営理論としての薄弱さもミルに見出すことができる。ミルは組織における協働的側面を高く評価し、協働が組織の生産性を上昇させることを解明した。また、ミルは、労働者の人間性が陶冶されることで労働者は自発的に協働する能力を高めることも指摘した。ミルのこの主張の背景には労働者の自立があり、それに着目したことは評価されてよいが、ミルの見解をそのまま受け入れれば、管理者が協働体系の存続に対して果たす役割はきわめて軽微なものにとどまる。敷衍すれば、組織のメンバーがそれに向かって奮い立つことのできるミッションや目的を定義することも、それらを下位組織に伝達することも、管理者には求められない。それは、管理組織が分化した大規模組織においては重視されるべき管理職能である。ミルは、組織の大規模化とともに管理職能の特化や組織の垂直的分化が生じることに言及している。しかし、それら管理者を中心とした組織がどのようにして調整されるのかについてミルは説明しておらず、したがって、組織内のコミュニケーションの内容や意義について考察することもなかった。

　また、経営資源についていえば、ミルは経営資源の創出プロセスや戦略的な組織的活用についての解明へと発展させることはなかった[13]。また、ミルは経営者の管理能力に注目したものの、それが企業内での経験を積んだ経営者の蓄積された経営能力であり、市場から調達できない経営資源であると明確に捉えていない。この経験を継承した経営者は、企業の成長に欠かせない経営資源のはずである。敷衍すれば、まったく同じ経営資源を持っている企業が同じ成果を生み出さない理由として、多様な経営資源を資源の集合体として活用できる能力の相違が考えられる。それは、いわゆる資源を結合する能力としてのケイパビリティや組織的資本のことであるが、潜在的に存在する企業独自の経営資源を有効に活用するためには、企業での長い経験によっ

て蓄えられた経営者能力が必要になるはずである。しかし、ミルは経営資源の組織的活用やそれを可能にする経営者職能について論述していないし、企業に存在する多様な経営資源を組織的に活用することで企業独自の経営能力が育つとも考えなかった[14]。

▮注

(1) ミルの企業形態に関する先行研究としては、鈴木（1983）、武田（1995、1996）などがある。
(2) 例えば、沼上は組織編制の原理として、バベッジの原理は今でも有効であると評価している（沼上、2002、187頁）。
(3) ミルは、単純な協働が労働生産性を上昇させることの説明を、事例を示すことで満足しているので、単純な協働が労働生産性を上昇させる理由については、それらの事例から推断する他ない。その点、マルクスは、単純な協働が労働生産性を上昇させる理由として、①労働の機械的潜在力の増大、②労働の空間的作用範囲の拡大、③生産規模に比したときの空間的生産場面の縮小、④短時間に多くの労働を使用できること、⑤個々人の競争心に対する刺激、⑥多くの人々の作業に連続性と多面性とを与えること、⑦多くの作業を同時に行えること、⑧生産手段の共同使用、⑨個々人の労働に社会的平均化を与えること、と明確に示している（Marx, 1867, pp. 348-349：訳［一］432頁）。
(4) ウェイクフィールドの協働論について、詳しくは、村田（2010b）を参照。
(5) バベッジの原理について、詳しくは、村田（2010a、55-61頁）を参照。
(6) ミルの人間性の進歩と企業経営との関連について、詳しくは、村田（2010a、217-275頁）を参照。
(7) さらに、Barnard（1935, pp. 5-6：訳3頁）を参照。
(8) バーナードの協働論について、詳しくは、村田（2010b）を参照。
(9) 実際のところ、リカードウも地代を生み出す稀少な経営資源として土地の他に機械を取り上げ、能率の違う機械を異なる製造業者が用いている場合、能率の高い機械の所有者に対して地代が支払われると述べている（Ricardo, 1817, pp. 75-76：訳113頁）。しかし、リカードウはバーニーのように経済的レントを生み出す要因としてマネジャーの役割を考慮しないし、ヘバートとリンクによればリカードウは「企業者を独立した生産主体として認識することができなかった」（Hebert & Link, 1982, p. 41：訳69頁）。
(10) ミルによれば、利潤は利子と保険と監督賃金から構成される。ミルの利潤の構成要素について、詳しくは、村田（2010a、252-256頁）を参照。
(11) とはいえ、低い利潤率の事業分野から高い利潤率への事業分野への資本の移動は、スムーズに進行するものではない。「資本の投下先を全て変更することは、すでに確立した取引関係とすでに獲得した手腕と経験を大きく犠牲にするので、人々

はそれを決心するのにいつの場合も遅くなるものであり、運命の転換の望みがなくなったはるか後でなければ、ほとんどいつもその決心をしないもの」(Mill, 1848, p.408：訳[二]404頁) だからである。
(12) 経営戦略的着想の乏しさは、ミルだけに限定されるものではなく、均衡論を説く経済学の持つ一般的特質といえる。というのも、完全競争においては、無数の売り手と買い手の存在、完全情報、価格受容者、財・サービスの同質化、および市場への参入と撤退の自由が想定されており、そのような状況下にあって、企業が戦略を持つメリットはないからである (Collis & Montgomery, 1998, p. 28：訳41頁)。
(13) 経営資源の創出プロセスや戦略的な組織的活用について、詳しくは、形式知と暗黙知が相互補完的に影響し合いながら知識は創造されるとする野中・紺野 (1999)、およびコア資源の全社的活用を重視するHamel & Prahalad (1994) を参照。
(14) グラント (Grant, R. M.) は、資源を生産過程に対する投入であり、分析のための基礎となるものと、一方、ケイパビリティを特定のタスクや活動を実行する資源の結合と定義し、両者を用語的に区別する (Bounfour, 2003, p. 24)。さらに、束としての経営資源の活用については、Penrose (1959) を参照。

▎引用・参考文献

Barnard, Chester I., "Collectivism and Individualism in Industrial Management", Reprinted in *Philosophy for Managers: Selected Papers of Chester I. Barnard*, Bunshindo Publishing Company, 1934.(飯野春樹監訳「企業経営における全体主義と個人主義」『経営者の哲学　バーナード論文集』所収、文眞堂、1986年)

Barnard, Chester I., "Some Principles and Basic Considerations in Personnel Relations", Reprinted in *Organization and Management*, Harvard University Press, 1935 [1984].(眞野脩訳「人事関係におけるいくつかの原理と基礎的考察」飯野春樹監訳・日本バーナード協会訳『組織と管理』所収、文眞堂、1990年)

Barnard, Chester I., *The Functions of the Executive*, Thirtieth Anniversary Edition with an Introduction by Kenneth R. Andrews, Harvard University Press, 1938.(山本安次郎・田杉競・飯野春樹訳『新訳　経営者の役割』ダイヤモンド社、1968年)

Barnard, Chester I., "Concepts of Organization", Reprinted in *Organization and Management*, Harvard University Press, 1940 [1984].(村田晴夫訳「組織の概念」飯野春樹監訳・日本バーナード協会訳『組織と管理』所収、文眞堂、1990年)

Barnard, Chester I., "Elementary Conditions of Business Morals", Reprinted in *Philosophy for Managers: Selected Papers of Chester I. Barnard*, Bunshindo Publishing Company, 1985.(飯野春樹監訳「ビジネス・モラルの基本的状況」『経営者の哲学　バーナード論文集』所収、文眞堂、1986年)

Barney, Jay B., *Gaining and Sustaining Competitive Advantage*, 2nd ed., Prentice

Hall, 1997 [2002]. (岡田正大訳『企業戦略論』ダイヤモンド社、2003 年)
Bounfour, A., *The Management of Intangibles: The Organisation's Most Valuable Assets*, Routledge, 2003.
Collis, David J. & Montgomery, Cynthia A., *Corporate Strategy: A Resource-Based Approach*, 2nd ed., McGraw-Hill/Irwin, 1998 [2005]. (根来龍之・蛭田啓・久保亮一訳『資源ベースの経営戦略論』東洋経済新報社、2004 年)
Hamel, G. & Prahalad, C. K., *Competing for the Future*, Harvard Business School Press, 1994. (一條和生訳『コア・コンピタンス経営』日本経済新聞社、1995 年)
Hebert, Robert F. & Link, Albert N., *The Entrepreneur*, Praeger Publishers, 1982. (池本正純・宮本光晴訳『企業者論の系譜—18 世紀から現代まで—』HBJ 出版局、1984 年)
Marx, K., *Das Kapital*. Reprinted in *Karl Marx-Friedrich Engels Werke*, Band 23., Dietz Verlag, 1867 [1962]. (マルクス=エンゲルス全集刊行委員会訳『資本論』大月書店、1968 年)
Mill, J. S., *Principles of Political Economy, with Some of Their Applications to Social Philosophy*. Reprinted in *Collected Works of John Stuart Mill*, Vol. II・III, University of Toronto Press, 1848 [1965]. (末永茂喜訳『経済学原理』岩波書店、1959 年)
Penrose, E., *The Theory of the Growth of the Firm*, 3rd ed., Oxford University Press, 1959 [1995]. (日高千景訳『経済成長の理論』[第 3 版]、ダイヤモンド社、2010 年)
Porter, Michael E., *Competitive Strategy: Techniques for Analyzing Industries and Competitors*, The Free Press, 1980 [1998]. (土岐坤・中辻萬治・服部照夫訳『新訂 競争の戦略』ダイヤモンド社、1982 年)
Ricardo, D., *On the Principles of Political Economy and Taxation*. Reprinted in *The Works and Correspondence of David Ricardo*, Cambridge University Press, 1817 [1951]. (羽鳥卓也・吉澤茂樹訳『経済学および課税の原理』岩波書店、1987 年)
飯野春樹「訳書序」飯野春樹監訳・日本バーナード協会訳『組織と管理』所収、文眞堂、1990 年
杉原四郎『自由と進歩—J. S. ミル研究—』藤原書店、2003 年
鈴木芳徳『株式会社の経済学説』新評論、1983 年
武田信照「J. S. ミルの株式会社論(上)—株式会社の転換—」『愛知大学経済論集』第 138 号、1995 年
武田信照「J. S. ミルの株式会社論(下)—アソシエーションと株式会社—」『愛知大学経済論集』第 141 号、1996 年
沼上幹「組織の設計」『やさしい経営学』所収、日本経済新聞社、2002 年
野中郁次郎・紺野登『知識経営のすすめ』筑摩書房、1999 年
村田和博『19 世紀イギリス経営思想史研究—C. バベッジ、J. モントゴメリー、A. ユア、および J. S. ミルの経営学説とその歴史的背景—』五絃舎、2010a 年

村田和博「C. I. バーナードとE. G. ウェイクフィールドの協働論」『埼玉学園大学紀要』経営学部篇第10号、2010b年

第2章

戦略的意思決定プロセス研究における計画型モデルと創発型モデルに関する理論研究

1　はじめに

　公式的戦略計画システムは、アメリカにおいて、1960年代に経営学の領域で登場し、1970年代初期に多くの実践で活用されたが、戦略的意思決定プロセス研究において、公式VS非公式、デザインVSプロセス、計画VS創発など二項対立的な議論の中で批判され、例えば、Mintzberg（1990, 1994）, Mintzberg *et al.* (1998) により、理論・実践両面から非常に痛烈な批判を受けた。

　本章では、戦略的意思決定プロセスの理論研究において、計画型モデルと創発型モデルとに二分して展開された諸議論において、計画型モデル批判がいかに展開されたのかについておよびそのような批判にさらされてきた計画型モデルがいかに変貌を遂げてきたのかについて考察し、これらの対立するモデルの活用パターンについて明らかにする。

　はじめに、戦略的意思決定プロセス研究における計画型モデル批判として、計画の活用における問題点（Steiner）、計画を立てる手法の問題（Gray）、戦略を計画すること自体の問題（Mintzberg）などについて考察をする。Mintzbergは特に計画型モデルを含む規範学派に対して、例えば、事前決定の誤り、分離の誤り、公式化の誤りなどを計画型モデルの落とし穴と提示していることをはじめ、多様な批判を行っている。次に、Mintzbergの批判に対する計画型モデルの中心の1人であるAnsoffによる反論や計画型モデルが創発的

要素や分権化などの活用により進化してきたことを論じた諸研究について考察する。最後に、Mintzberg の批判に対する計画型モデルの中心の1人である Ansoff による反論により端を発した両者間の論争について検討しながら、計画型モデルと創発型モデルの活用における1つのパターンを明らかにする。

2　戦略的意思決定プロセス研究における計画型モデル批判

　計画型モデル批判として、大きくは3つの見解がある。第1に、計画型モデルをうまく活用できていないこと（活用の問題点）、第2に、計画型モデルが誤ったモデルになってしまったこと（手法の問題点）、第3に、戦略を計画により策定すること自体が問題であること（計画すること自体の問題点）、である。本節ではそれぞれの見解を概観する。

　計画型モデルの提唱者の1人である Steiner（1979）は、戦略計画の活用面での問題点を指摘している。

　Steiner（1979）は、計画の誤りに対する質問票による調査（600社に送付215社から返答）に基づき戦略計画が回避すべき10の主要な誤りを指摘している（pp. 287-298）。

① 計画機能を計画担当者に委譲できるとするトップ・マネジメントの前提
② トップ・マネジメントが現在の問題に没頭し長期計画に十分な時間を費やさないことおよびプロセスが他のマネジャーやスタッフの間で不評なこと
③ 長期計画策定の基礎として適した会社目標を開発することに失敗
④ 主要なラインの人員の計画プロセスへの必要な関与に失敗
⑤ マネジャーのパフォーマンスの測定の基準として計画を活用することに失敗
⑥ 計画に抵抗しない適した企業風土を創造するのに失敗
⑦ 全社的な包括計画は全体の管理プロセスとはいくぶん分離していると

いう前提
⑧　柔軟性、ゆるやかさ、簡潔性が欠落し創造性を制約するシステムへ厳密な形式を取り入れること
⑨　部門や事業部の責任者が開発した長期計画を彼らと一緒に吟味することにトップ・マネジメントが失敗
⑩　公式計画と矛盾する直観的意思決定によって公式計画のメカニズムをトップ・マネジメントが頑なに拒絶すること

　これらは計画自体に問題があるのではなく、計画システムを開始する際、計画の本質を理解する際、計画を行う際、準備された計画を活用する際、などに陥る誤りを指摘しており、計画型モデルを採用する際の注意すべき点として問題を位置づけている。
　Wilson（1994）は戦略計画を立てる際の手法における、「戦略計画の7つの大罪（the seven deadly sins of strategic planning）」（p. 13）を指摘している。
　①　スタッフがプロセスを乗っ取った（takeover）。
　これは、CEOたちが新しいスタッフ機構を新しい機能を処理するためにつくったこと、ミドル・マネジメントの新しい責任への無関心が生んだ空白を埋めるためにスタッフが入り込んだこと、傲慢や帝国構築などにより、このような状況が発生した。結果として、計画スタッフは、非常に頻繁に経営陣（executives）を戦略開発プロセスから減らし、単にゴムスタンプを押す存在にし、戦略計画はスタッフではなく経営陣の1人が責任を負うものでまた負うべきものであることを無視した。
　②　プロセスがスタッフを支配した。
　プロセスの方法論がますます手の込んだものになった。スタッフの分析により重きを置き、真の戦略的洞察を軽視した。分析は、意思決定を侵食し「分析麻痺症候群」を生み出しながら増殖した。戦略思考は戦略計画に等しいものとなり、他方で書類はよりいっそう手の込んだものになった。形式による実質上の支配は、企業官僚主義の観測者に十分に知られている。しかしながら、逆説的に、計画プロセスは明らかに精巧に官僚主義的になったが、

多くの場合、単一の技術や方法論—例えば、経験曲線あるいは成長／シェアマトリックスなど—に過度に依拠するようになった。戦略計画が処理しなければならない問題や要因の範囲を所与のものとすれば、このような依拠は明らかに見当違いである。あらゆるニーズを満たす単一の方法論はありえないし、このアプローチは失敗することが運命づけられている。

③　計画システムは実質的に何の結果も生まないようデザインされた。

この考えは偏っているようにみえるが、多くの企業システムにおいて真実である。主要なデザインの失敗は、権限を持つ多くの経営陣の戦略を指揮するという計画における役割は否定または縮小されていることである。ある批判が指摘したように、多くの人々の態度は、次のようなある経営陣の怒りの反駁に象徴されている。「マトリックスが戦略を選んだ—マトリックスに戦略を実行させろ！」。他のデザイン上の欠陥は戦略計画とオペレーションシステムを統合することに失敗したことであり、結果的に行動を駆り立てない戦略なのである。

④　計画は中核事業を犠牲に合併、買収、撤退などのより刺激的なゲームに焦点を合わせた。

これは部分的には当時の時流である。しかしまた、成長／シェアマトリックスのような計画ツールの不適切な活用の結果でもあった。何よりもそれは「金のなる木 (cash cow)」についての根本的な認識の誤りから生じた。ポートフォリオマネジメントの最大の問題点はこれら成熟事業の取り扱いに関わる。マトリックスは「収穫」戦略を勧告するが企業は利益目標を高め、投資を縮小し、コントロールをきつくした。当然の行く先として、モラールは低下し、行動計画は弱化し、そして企業は要請されたキャッシュフローの移転に失敗した。

⑤　計画プロセスは、真の戦略選択肢を開発するのに失敗した。

行動思考であることを証明することを熱望し、非常に多くの会社が「準備、発射、照準」というトラップに陥る計画システムを考案した。計画者と経営陣は「満足させられる」最初の戦略を急いで採用した（例えば、受け入れ可能

な手法を用いて確実な基本的条件に合致するような）。彼らは、意思決定の前に、一連の戦略代替案を探索し分析するために真の努力をしなかった。結果として、すべての企業はあまりに頻繁に、選択よりはむしろ怠慢によって戦略を採用したのである。

⑥ 計画は、戦略の組織的文化的要件を無視した。

SBU のコンセプトよりもこの実体についてのよい例はない。このコンセプトは、明確な一連の競争業者に対抗する限定された市場セグメントにおいて事業を営むのに適切な企業の実体を識別し組織化するのに非常によい。しかしながら、このような焦点は、SBU 間の内部的な相異を見過ごし見誤らせる。したがって、プロセスは外部環境には正しく注目しているが、しかしそれは実行段階における重要な内部環境の犠牲の下で、である。

⑦ 一点予測（single-point forecasting）は、リストラクチャリングや不確実性の時代において、計画にとって適切な基盤ではなかった。

企業の重大な外面の強調にもかかわらず、また何らかの洗練された企業の環境分析システムの設置にもかかわらず、企業は依然として一点予測に依拠する傾向にある。シナリオベースのプランニングは通例というよりは例外である。不幸にも、不確実性の時代において、一点予測は本質的に不正確であった。それに依拠する計画は、1970 年代と 1980 年代初期にたくさんあったように意外性に対する弱さを増大させる。事実、戦略計画に最後の一撃を加えた 1982 年の不景気を予知し計画を立てるということに計画が失敗したことは認識されるものである。一点予測にはさらなる問題がある。計画の前提は一点の将来を詳細に説明するために、ほとんどいつも過去のトレンドからの推測によりわずかばかりの変動があり、過去にそうであったものが仮定的な将来にもおそらくそうであろうという理論のうえで、「惰性的戦略」の継続を支持する固有のバイアスがある。

以上のように、Wilson は戦略計画の手法が誤っていたモデルを構築した問題点を指摘し、後述するようにそれらの改善を試みている。

Mintzberg は、多くの論文や書物において、計画型モデルの問題点として

その活用や手法に問題があるよりも計画自体に問題があると捉え、その落とし穴を指摘しまたその前提について激しい批判を展開している。

　Mintzberg (1994) によれば、計画作成の落とし穴の第1は、客観的分離を前提としており、それが社員の全力投球をしばしば浸食し政治力学を呼び起こす原因となることである。他人が作成した計画書による仕事は生産性および満足度を低下させるし、それを調整しようとすれば何らかの強制が生じ、そのことがさらに全力投球を浸食するのである (pp. 160-172：訳144-165頁)。第2に、計画は組織に硬直性をもたらし、重大な革新に対する抵抗を生み出すものであり、組織風土を「硬直化・保守化」へと導くということである。それゆえ公式な計画作成は、通常「量子力学的な革新でなく現在延長型の部分改良」、「創造的な革新でなく一般的な部分改良」、「長期志向的な革新でなく短期志向的な部分改良」へと導く (pp. 172-188：訳165-191頁)。第3に、計画作成は客観性を追求したものとされているが、それは作成者の主観を伴ったものであり、組織内の政治力学行動によって妨害されたり、ときには計画作成それがある種の政治力学行動を醸成するものであるということである。そして計画作成には作成者の選好や権力構造が入り込み、さらに明示的でなかった組織内の政治的葛藤を増幅させる場合もある (pp. 188-201：訳191-214頁)。最後の落とし穴は、計画担当者がコントロールへの妄想および幻想を持ちうることである。計画作成はその作成に厖大なエネルギーをそそぎ込む一方で、その正確さには疑問があり、また本来行動をとるべきマネジャーの全力投球を妨げることにもなる。計画作成は、社外の利害関係者を納得させるために装飾的に利用されると同時に、社内の構成員に対し上級マネジャーによって政治的に利用される。結局、計画作成は社外に無益な公表を行い、また社内の構成員に対して規定の書面を埋め込む時間を浪費させることになり、社内外の関係者のコントロールに役立たないのである (pp. 201-219：訳214-242頁)。

　次に Mintzberg (1994) は、戦略計画作成の根底にある前提について、事前決定の誤り、分離の誤り、公式化の誤りというような誤りを指摘している。

　① 事前決定の誤りについて

計画作成の多くの文献は、正確な予測の重要性を強調するが、人間は規則性を持つ事象については将来を予測できる一方で、技術革新、物価上昇、消費者の態度の変化、政府の立法などの一度限りの事象に対する予測は、事実上不可能である。にもかかわらず戦略計画作成において事前決定が重視される（pp. 227-254：訳254-275頁）。

　② 分離の誤りについて

　戦略形成は上級マネジャーおよび計画作成担当者の任務でありその実行がそれ以外の従業員の任務であるというように戦略形成と日常業務の分離は計画策定の重要な前提であるが、これで問題は解決しない。真の問題は戦略の「計画作成」の欠如でもなく、おそらく戦略「思考」自体の欠如でさえもなく、戦略「行動」の欠如にある。効果的な戦略家とは、一方で日常業務に「没頭」して、他方ではそこから「戦略的メッセージ」を読みとることが可能な人物である。最初から戦術的なものと戦略的なものとが区別されているわけではないし、時間とともに互いに変化するかもしれない。また分離の前提はハード・データの存在である。日常業務はデータに集約され、日常業務から分離した戦略担当者がそのデータに基づいて戦略を練るのである。しかしハード・データは定量化への偏向を持ち、顧客、工場、部下などの情報源から口頭で伝達される情報の重要性を見落としている。思考は行動に照らして開始する必要がある。戦略を実行と作成に二分するのではなく、1つの学習プロセスとして特徴づける方が適切である。人間は思考するために行動し、行動するために思考する。この二分法は集中化あるいは分散化のいずれかによって消滅させることができる（pp. 254-294：訳275-312頁）。

　③ 公式化の誤りについて

　ここでいう公式化とは、戦略作成プロセスの公式化のことであり、言い換えれば革新を制度化することである。しかし戦略作成と公式化はなじまないのである。その理由として公式化の分析的な性質や構造的ステップがある。公式的なシステムは、より多くの情報、特にハード・データを処理できるようになり、それらの情報は結合・集計・移動できるようになったが、決して

それらの情報は内面化・包括化・総合化したわけではない。公式化されたシステムは、学習することはないのである。また公式化は創造性を促進するどころか阻害する。計画作成は、その本質からしてカテゴリーを定義し維持するものであるが、創造性は、カテゴリーを構築して既存のカテゴリーを再構築するものである。また分析家は、構造的なステップを踏みたがる傾向にあるが、構造的でないものこそが、課題を診断したり最初に代替案を創造するのである。公式化においてこのような非構造的ステップにはほとんど注意が向けられないのである (pp. 294-321：訳312-338頁)。結局、戦略思考プロセスを公式化することはいかにシステムを精緻化しようとも不可能であるため、公式的なシステムから戦略が形成されることはできない。公式的な計画作成システムは、戦略形成ではなくすでに構築された戦略を操作する場合にのみ活用されるなら問題点は解消される。Mintzbergは以上のように、戦略を計画すること自体が問題であると批判する一方で、戦略を創発させることの重要性について論じている。

　以上、戦略計画の問題点および批判について示したが、以降において、これらの批判に対する反論とこれらの問題点を克服すべく戦略計画がいかに進化してきたかについて概観する。

3　計画型モデル研究からの反論

　Mintzbergは、すでに述べたように計画型モデルを含む規範学派に対して多様な批判を行っているが、その内容は以下のように要約できる (Mintzberg, 1990)。このモデルは「もっとも一般的な意味で、適応への機会を自ら否定しているということである」(p. 180)。さらに詳細には、「強みと弱みの評価」において行為と関係なく思考を促進すること、つまり学習のプロセスというよりも概念のプロセスとして戦略形成を捉えていること (pp. 182-183)、左足が右足に従うように「組織構造は戦略に従う」としていること (p. 183)、「戦略の明示化」を行い硬直性を促進すること (pp. 183-184)、「策定と実行の分

離」つまり行動と思考を分離すること (pp. 184-187)、などである。

これに対していわゆる規範的学派に属するとされている Ansoff (1991) の反論がある。

Ansoff は、Mintzberg による批判に対する反論として第1に、Mintzberg が規範学派と呼ぶ諸研究の1965年から1990年までの進展について考察をしていない点、Mintzberg の戦略論は「ビジネス環境を研究するチャンスを自制」(p. 455) しているという点、妥当性のテストに失敗している点、等々を指摘しつつ、Ansoff の研究における人間の認知の重要性を認識した合理的学習モデルには、以下のような優位点があることを論じている。「1. ……合理的学習モデルは、もっとも成功を生み出すような行為の代替案を選択することによって時間を節約する。この時間の節約は急速に変化する環境下にある組織に対して多大な重要性をもつ。2. 合理的学習モデルは、行為する必要性に先立って戦略的対応—戦略的計画というプロセス—を開始することを通じて追加的な時間の節約を可能にする。3. 合理的学習モデルは、ありえる戦略的動向のリストから見込みがないと思われるものを取り除くことによって、戦略的失敗やコストを削減する」(p. 457)。Ansoff によれば、Mintzberg の学習モデルは、「……経営者に戦略思考者という役割を放棄させ、その役割を組織の業務的行動の最適化をはかることに制限する」(p. 458) ことになる。次に、「戦略を明示することによって、戦略行動が硬直化し戦略によって予期されない機会を喪失することにつながる」という批判に対する反論である。「実際に用いられている戦略コンセプトは代替案を特定化しない。逆に合理的モデルの戦略コンセプトは、戦略代替案を明確化するのではなく、企業が探索と創造性を展開することを望む機会のためのガイドラインとなるのである」(p. 457)。さらに「戦略の実践者たちは定期的に再考し、必要ならば経験にもとづき戦略を修正する戦略コントロールのメカニズムを用いている」(p. 457)。このメカニズムを用いることはさらに合理的モデルを洗練した認知—試行—認知—試行……のチェーンを活用する「戦略的学習モデル」(p. 458) となる。Ansoff の Mintzberg 批判の最後は、そのモデルが妥当である

ようなコンテクストを提示してないという点である。Ansoffは代わりに、「Mintzbergの規範的モデルは、戦略変化がインクリメンタルで組織の対応スピードより変化のスピードが遅い環境において、パフォーマンスを最適化することも求める組織にとっては妥当な規範となる」(p. 459) という点を指摘している。

　さらに計画型モデルの進化について、Gray (1986) は、計画プロセスにラインマネジャーを参加させること、事業単位を正しく定義すること、詳細に行動ステップを描くこと、戦略計画と他の組織コントロール・システムを統合すること、などによって克服できるとしている。またWilson (1994) は、計画はよりいっそう、コントロールよりも継続的な組織学習の問題となり、そして権限委譲によって迅速で柔軟な変化への対応が可能となる。企業文化の変質自体が戦略経営の主要な目標になり、計画スタッフの信頼性の維持、質的職務に求められる管理者によるコミットメントの時間枠の維持、全社戦略と事業戦略の各役割の明確化、スキャニングおよびモニタリングシステムの改善(特に競争的な知力のドメインにおいて)、戦略計画とオペレーション計画間の連結強化などが戦略計画プロセスに求められるとしている。さらにGrant (2003) によれば、戦略計画プロセスは、より分権化され、計画スタッフの主導が少なくなり、非公式性が高まった。また戦略計画は、より短期的になり、より目標志向になり、行動や資源の配分の明示化は少なくなった。戦略計画システムの役割としては、戦略的意思決定としての役割は少なくなり、戦略的意思決定のコンテクストや、調整のためのメカニズム、統制のためのメカニズムとしての役割が拡大した。これらの議論では、戦略形成プロセスは分権的適応的になったことにより戦略策定におけるトップ・マネジメントの役割が変化してきたことや、トップ・マネジメントが戦略実行により深くかかわる形で戦略的意思決定プロセスを再設計してきたことを明らかにしている。

| 4 | 計画型モデルと創発型モデルの活用に関する検討

　Grant（2003）によれば、戦略計画の進化は、戦略策定における合理的デザインと組織的創発の役割に関する議論に対していくつかの意味合いを持つ。Mintzbergに批判されたような高度に官僚的でトップ・ダウンのプロセスは、1990年代後期の石油メジャー企業の戦略計画システムにはなかった。これらの企業の「戦略計画は、主として、全社マネジメントが方向性を提供するが主要なインプットは事業およびオペレーティングの単位から生まれるボトムアップ・プロセスであった」（p. 512）。上述したMintzbergによる3つの戦略計画の前提の誤り（「事前決定の誤り」、「分離の誤り」、「公式化の誤り」）に関していえば、主要な外部変数の正確な予測を信頼する戦略計画システムはなく、すべての企業は主要な戦略責任をラインマネジャーに位置づけ、実質上計画手順の公式化は減少した。Grantは、計画の主要な方向性はボトム・アップでありまた戦略的意思決定において実質的な自律性と柔軟性を示す事業単位マネジャーを伴う戦略計画プロセスを「計画された創発のプロセス（process of planned emergence）」と呼んだ。このようにGrantは、1990年代後期の石油メジャーの戦略計画システムにおいて、公式的戦略計画に対するMintzbergの批判はあてはまらないことを明らかにしている。しかしながら、このような公式的戦略計画の進化は、Mintzbergの批判を克服する形で展開しているように思われる。

　Mintzberg（1990）へのAnsoff（1991）の反論に対する返答においてMintzberg（1991）が述べているように、計画型モデルと創発型モデルがそれぞれ示す2つのプロセスは関連しあう（intertwine）のである。Mintzberg（1991）はまたAnsoffの示した「戦略的学習モデル」がこの点を同じく意味しているとしている。つまりMintzberg（1991）は、戦略は計画的に策定されると同時に創発的に形成されねばならないと考えているのである。このためのメカニズムについて、三者の見解が一致しているかどうか検討することが重要

な課題となるが、そこでは一見同じ結論のようにみえるが、新しい戦略について、Mintzbergは「直観や学習」により考え出そうと主張するのに対して、Grantは「計画された創発のプロセス」からそしてAnsoffは「戦略対応能力の制度化」によって、考え出そうと主張しているのである。つまり「学習によって」創発させるのか、「計画によって」創発させるのかという違いがある。このように捉えるなら、それぞれの研究者において計画型モデルと創発型モデルを総合するということには見解が一致するがその総合のやり方が異なると考えられる。

　Mintzberg (1996) によれば、「ランダムな経験」ではなく「市場で思いがけない発見をしてそして学習する機会に身をさらすこと」(p. 96) で、もし何か発見したとするなら、新規の戦略のコンセプトは、何らフォーマルなテクニック（分析）のない（総合の）創造的なプロセスであり、創造された後に複雑な組織においてこれらの戦略をプログラム化するためにまた環境に屈しないために、しばしばより多くのフォーマルな分析を必要とする。また創発的学習は熟慮された計画プロセスに知識を提供しなければならないのであり、戦略は公式的にプログラム化される前に非公式的に考え出されなければならないのである (Mintzberg, 1991, p. 465)。

　Ansoff (1990) のいう戦略的学習は、計画と実行を組み合わせる複雑なアプローチである (pp. 476-478：訳540-542頁)。情報が不十分で将来の見通しのための調査は非常にコストがかかるような場合、まず漸進的に資源投入過程を取り入れ、投入に関する意思決定において準備段階が過ぎるまで可能な限り選択の幅を保ち、資源の投入は次の投入のための戦略的学習を最大化するように行い、計画策定は実行と並行的に行い、費用対効果や対応の緊急度、リスクなどを考慮して計画か実行かの決定を行うのである。

　次にこれらの見解における「戦略が創発する段階」と、「計画と学習の総合」に関して検討する。

　まず戦略が創発する段階に関して、Mintzbergは学習によって現場から創発されるとし、Ansoffはいろいろなオプションを同時に進め漸進的に合理

的に選択肢を絞るとするがそもそもそのオプションをどう創発するかについては明確に述べていない。次に、計画と学習の総合に関して、戦略的意思決定プロセスにおいて、Mintzbergの場合創発された戦略をどの段階で分析を通じてプログラム化していくのかという問題があり、Ansoffの場合どのような基準に基づいて資源投入の量やタイミングを決めるのかという問題がある。それとともに両方の見解は結局のところ、計画型モデルの役割を「……戦略を創造するためではなく、すでに持っている戦略をプログラミング化するために公式的な計画策定を行う」(Mintzberg, 1994, p. 333：訳353頁)ことに限定してしまう問題がある。Mintzberg (1994)は、「直観と分析の結合」(第6章第2節)について論じ、そこでは戦略の創造を直観というブラックボックスに入れ、その中へのインプットおよびアウトプットは分析によって行うと指摘しているのである (p. 331：訳351頁)。しかしながら、戦略の創造は、現場から学習を通じて創発することもあれば、分析を通じて、合理的な戦略思考者(必ずしもトップ・マネジメントに限らない)によりまた公式的な集団思考により、策定されることもありうるのではないだろうか。それゆえMintzbergがいう戦略の創造を直観というブラックボックスに合理的な分析が入り込める可能性や、そしてMintzbergが述べたように計画書や計画担当者が担うとされるインプットとアウトプットはそれ以外の例えば現場従業員、ラインマネジャーなどによっても担われる可能性がある。

　このことから、計画型モデルによるオプション提示につづき創発型モデルによるオプションの絞り込みというパターンと、創発型モデルによる戦略形成につづき計画型モデルによる戦略のプログラム化というパターンという順序にかかわるパターンが考えられる。すなわち、戦略的意思決定プロセスにおける両モデルの活用のパターンには、「計画型モデルによる戦略選択肢の策定とそれに引き続く漸次的合理的な学習による戦略の具体化というパターン」と「創発型モデルによる戦略の創造とそれに引き続く公式的な戦略の計画化というパターン」とがあり、そしてこれらは言い換えれば、計画型モデルと創発型モデルの活用における順序の問題を示唆していると考えられる。

つまり計画型モデルによって多様な選択肢が創造され学習を通じて順次選択肢が狭められていく場合と、創発型モデルによって学習を通じて戦略が創発されていく場合である。

5　小　括

　本章ではまず、戦略的意思決定プロセス研究における計画型モデル批判として、計画の活用における問題点（Steiner）、計画を立てる手法の問題（Gray）、戦略を計画すること自体の問題（Mintzberg）などについて考察した。次に、Mintzbergの批判に対する計画型モデルの中心の1人であるAnsoffによる反論により端を発した両者間の論争について検討し、ここではまたMintzbergの創発型モデルに対する批判について考察した。例えば、変化が加速している現在のような状況では、先見性のある競争相手が前もって戦略的な変動を起こすとき、Mintzbergによって提唱されている「創発された戦略」では企業の生存を危うくするという批判がAnsoffにより指摘されている。さらに計画型モデルが創発的要素や分権化などの活用により進化してきたことを論じた見解について考察した。例えば戦略実行の欠如に対応するため、戦略計画の責任は、スタッフからラインマネジャーへ、全社レベルから事業単位レベルへ、シフトしたことや、現在の企業実践は、戦略経営という言葉によってより正確に示されることになったこと、言葉の背後の思考や重要な問題に経営陣の会話は向けられるようになったことなど、計画型モデルの進化について論じたGray、Wilson、Grantなどの研究について考察した。そこではまたMintzbergによる批判を克服する形で進化してきていることを示した。最後に、計画型モデルと創発型モデルがそれぞれ示す2つのプロセスは関連し合うもので、戦略は計画的に策定されると同時に創発的に形成されねばならないと考えている点でMintzbergとAnsoffの見解が一致している半面、「学習によって」創発させるのか、「計画によって」創発させるのかという違いがあることを明らかにし、またそれぞれの見解における問題点を

指摘しながら両モデルの統合の可能性を提示した。

　本章で示した両モデルの活用パターン以外にも両方モデルを混合するというパターンも想定される。そのパターンを明らかにするために戦略的意思決定プロセスにおけるよりミクロな部分を考察することが今後の課題である。このようなミクロな視点は、「実践としての戦略」という研究領域における中心的な視点であり、そこでは意思決定者の洞察力やアクション、あるいはそれらの相互作用という問題が取り上げられており（Jarzabkowski *et al.*, 2007)、そこで求められるスキルは何であり、それらはどのように獲得されるのか、共通するツールやテクニックは何であり、それらはどのように活用されるのか、等々が問われているのである（Whittington 2003a)。このような見解を踏まえ、上述の戦略的意思決定におけるパターンと関連して、このプロセスのパターンを形成する意思決定者の洞察力とスキルを考察することが重要であろう。

‖引用・参考文献

Ansoff, H. I., *Corporate Strategy*, McGraw-Hill, 1965.（広田寿亮訳『企業戦略論』産業能率短期大学出版部、1969 年）

Ansoff, H. I., 'The Emerging Paradigm of Strategic Behavior', *Strategic Management Journal*, Vol. 8, pp. 501-515, 1987.

Ansoff, H. I., *Implanting Strategic Management*, Prentice-Hall International (UK) Ltd, 1990.（黒田哲彦監訳『「戦略経営」の実践原理』ダイヤモンド社、1994 年）

Ansoff, H. I., *Strategic Management*, The Macmillan Press, 1978.（中村元一訳『戦略経営論』産業能率大学出版部、1980 年）

Ansoff, H. I., 'Critique of Henry Mintzberg's The Design School: Reconsidering The Basic Premises of Strategic Management', *Strategic Management Journal*, Vol. 12, pp. 449-461, 1991.

Goold, M., 'Research Notes and Communications Design, Learning and Planning: A Further Observation on the Design School Debate', *Strategic Management Journal*, Vol. 13, pp. 169-170, 1992.

Goold, M., 'Learning, Planning, and Strategy: Extra Time', *California Management Review*, Vol. 38, No. 4, Summer, pp. 100-102, 1996.

Grant, R. M., 'Strategic Planning in a Turbulent Environment', *Strategic Management Journal*, Vol. 24, pp. 491-517, 2003.

Gray, D. H., 'Uses and Misuses of Strategic Planning', *Harvard Business Review*, January-February, pp. 89-97, 1986.

Jarzabkowski, P., Balogun, J. & Seidl, D., 'Strategizing: The Challenges of a Practice Perspective', *Human Relations*, Vol. 60, No. 1, pp. 5-27, 2007.

Mintzberg, H., 'Strategy-Making in Three Modes', *California Management Review*, Vol. 16, No. 2, Winter, pp. 44-53, 1973.

Mintzberg, H., 'Patterns in Strategy Formation', *Management Science*, Vol. 24, No. 9, pp. 934-948, 1978.

Mintzberg, H., *Mintzberg on Management: Inside Our Strange World of Organization*, Free Press, 1989.(北野利信訳『人間感覚のマネジメント—行き過ぎた合理主義への抗議—』ダイヤモンド社、1991 年)

Mintzberg, H., 'The Design School: Reconsidering the Basic Premises of Strategic Management', *Strategic Management Journal*, Vol. 11, pp. 171-195, 1990.

Mintzberg, H., 'Research Notes and Communications Learning 1, Planning 0 Reply to Igor Ansoff', *Strategic Management Journal*, Vol. 12, pp. 463-466, 1991.

Mintzberg, H., *The Rise and Fall of Strategic Planning*, Free Press, 1994.(中村元一監訳『戦略計画—創造的破壊の時代—』産能大学出版部、1997 年)

Mintzberg, H., 'Reply to Michael Goold', *California Management Review*, Vol. 38, No. 4, Summer, pp. 96-99, 1996.

Mintzberg, H. & Waters, J. A., 'Of Strategies, Deliberate and Emergent', *Strategic Management Journal*, Vol. 6, pp. 257-272, 1985.

Mintzberg, H., Ahlstrand, B. & Lampel, J., *Strategic Safari: A Guided Tour through the Wilds of Strategic Management*, Free Press, 1998.(斎藤嘉則監訳『戦略サファリ—戦略マネジメント・ガイドブック—』東洋経済新聞社、1999 年)

Pascale, R. T., 'Perspectives on Strategy: The Real Story behind Honda's Success', *California Management Review*, Vol. 26, No. 3, Spring, pp. 47-72, 1984.

Pascale, R. T., 'The Honda Effect', *California Management Review*, Vol. 38, No. 4, Summer, pp. 80-91, 1996.

Pascale, R. T., 'Reflections on Honda', *California Management Review*, Vol. 38, No. 4, Summer, pp. 112-117, 1996.

Steiner, G. A., *Strategic Planning: What Ever Manager Must Know*, Free Press, 1979.

Whittington, R., 'The Work of Strategizing and Organizing: for a Practice Perspective', *Strategic Organization*, Vol. 1, No. 1, pp. 117-125, 2003a.

Whittington, R., 'Micro Strategy and Strategizing: Towards an Activity-Based View', *Journal of Management Studies*, Vol. 40, No. 1, January, pp. 3-22, 2003b.

Wilson, I., 'Strategic Planning Isn't Dead — It Changed', *Long Range Planning*, Vol. 27, No. 4, pp. 12-24, 1994.

文智彦「第 2 章 組織における戦略形成プロセス」、権泰吉・高橋正泰編著『組織と戦略』文眞堂、16-40 頁、2004 年

文智彦「戦略的意思決定プロセスにかんする諸研究の検討」『埼玉学園大学紀要』経営学部篇第 5 号、37-49 頁、2005 年

文智彦「公式的戦略計画システムの進化の検討」『埼玉学園大学紀要』経営学部篇第 6 号、1-13 頁、2006 年

文智彦「伝統的な戦略的意思決定プロセスの考察」『埼玉学園大学紀要』経営学部篇第 7 号、1-11 頁、2007 年

文智彦「戦略的意思決定プロセス研究における二分法とその統合可能性」『埼玉学園大学紀要』経営学部篇第 9 号、15-27 頁、2009 年

第3章

組織における責任
―― 訪問看護ステーションを中心に

1 問題の所在

　全知全能ではなく、合理性においても肉体的能力においても限界がある人間は、ある行為について必ずしも期待した結果を得られるとは限らない。個人によって行われる行為において然るべきであるならば、複数の人間によって行われる集団的行為もまた同様に、その集団が期待したような結果が得られるとは限らない。むしろ、個人の行為が合成されることにより、場合によっては個人の行為よりも期待した結果が得られる可能性が低くなることもある。
　組織という閉鎖的な社会的関係において行われる行為は、組織を構成する個人が好むと好まざるとにかかわらず、組織の母体となっている団体が達成しようとしている目的や、その団体を維持・運営するという目的と強く関連している。そのため、目的の達成に失敗したり、達成しようとする過程において問題が発生した場合、なぜ失敗したのかという失敗の原因追究が行われたり、なぜ問題が発生したのかという問題発生の原因追究が行われたりする。そして、失敗や問題の原因追究は、誰がその失敗や問題を引き起こしたのか、という行為者の特定に帰着し、最終的にはその失敗や問題の解決が図られる[1]。この際に、組織の構成メンバーの意識に、責任という事象が浮かんでくる。
　筆者は以前、株式会社組織における株主の責任について論じ、株主総会が組織として責任を負担するのは不可能であるが、個人としての株主は出資者

として有限責任を負う以外に、支配証券を所有する者として会社経営にかかわる限り、何らかの責任を負うべきであると主張した[2]。また、責任の所在が不明確になったり、責任をとる主体が不在となる「無責任」な状態が、組織においては不可避であることを、組織における協働と相互依存関係の存在から指摘した[3]。しかし、このときに重要な課題をあえて避けて議論していた。それは「責任とは何か」という根本的な問いであった。

斎藤（2001）は、「……経営組織論においても責任というテーマはすでに語りつくされていて、もう研究し終わっているものとみなされているかもしれない」と述べている[4]。しかし、組織における責任の問題は、まだまだ解明の余地が大いにあるといわざるを得ない。その解明されるべき問題の1つが、組織における責任とは何か、という責任の概念規定の問題である。

責任という用語は、一般的な用語であると同時に、法学や哲学、社会学において長年使用されている用語である。そのため、責任の概念をめぐって長年多くの議論が積み重ねられてきている。これらの学問領域における議論では、社会における秩序との関連から議論されることが多い。このことは、組織における責任を考察する際に、大いに参考になると考えられる。なぜならば、後に詳しくみるように、本章において組織とは団体を維持・運営する社会的関係であると捉えているからである。そして、団体がある一定の境界を持ち、秩序を維持しようとする管理者や指導者を持つ社会的関係である限り、秩序の問題を切り離すことはできないからである。

そこで本章は、責任に関する諸説を検討したうえで、組織における責任の概念を規定し、さらに、新たに規定した責任の概念を踏まえて、訪問看護ステーションを例にとりながら組織における責任の機能について分析する。なお、本章で分析するのは、あくまで・組・織という限定された社会的関係における・責・任であり、法学や哲学で論じられる責任一般についてや、社会学で論じられる社会における責任を対象とするのではない。

2 責任の概念に関する諸説の検討

上で述べたように、責任の概念に関してはさまざまな学問分野で議論されている。ここでそのすべてを網羅することはきわめて困難であるため、まず経営学におけるアプローチからはじめ、次いで組織論に大きな影響を与えたN. Luhmannのシステム論に基づくアプローチ、さらに、これまでの常識から離れ、責任があるから罰せられるのではなく、罰せられることに責任の本質を見出し逆説的に責任の概念を規定していくという小坂井敏晶のユニークなアプローチを紹介しながら検討していく。

2-1 経営学における定義

上でみたように、経営学では責任についてはすでに議論し尽くされているという。では、その経営学において、責任はどのように定義されているのであろうか。

古典的な経営学である管理過程学派の代表的な研究者の1人であり、有機的職能（organic business function）の概念の考案者でもあるR. Davisは、責任は、そもそも目的を達成する際の必要性から生まれたもので、職能から第1に派生したものであるとしている。そして、責任とは、組織のメンバーに対して説明責任を持つ（accountable）幹部が示した最善の方向に沿って割り当てられた職能や任務（duty）を適切に果たすための個人の義務である、と規定している[5]。また、責任は作業（operational）責任および経営（managerial）責任に分類できるとしており、それぞれ組織の階層ごとに異なる責任を負うということを指摘している[6]。

また、協働論的組織論を展開したC. I. Barnardは『経営者の役割』の中で1章を割き、特に管理責任に焦点を合わせて論じている。Barnardによると、責任とは「……反対の行動をしたいという強い欲望あるいは衝動があっても、その個人の行動を規制する特定の私的道徳準則の力」[7]であるという。

すなわち、Barnard が想定している責任とは道徳責任であるということが、ここから容易に推察される。

このことは、次のことからも推察される。すなわち、Barnard は責任のうち、管理責任は「……複雑な道徳準則の遵守のみならず、他の人々のための道徳準則の創造をも要求するということを特色とする」[8]としている点である。この「他の人々のための道徳準則の創造」は、具体的には組織内における「モラール」の確保や創造、鼓舞であるという[9]。

経営学における責任の定義の特徴は、Davis は義務と、Barnard は道徳というように、責任を他の事象との関連から定義していることにある。このうち Davis の定義のように、責任を義務と関連づける議論は、責任を負担と捉える負担責任論と考えられる。しかし、このように責任を負担と捉えると、瀧川が主張するように、責任実践の意義を説明できないうえ、制裁と責任の差異を説明できない、という難点がある[10]。

また、Barnard の場合、責任を個人がどのように考えるのかという「責任感」と、責任を混同しており、責任そのものよりも責任感について論じているのではないかという疑問が残る。例えば、Barnard は「責任とは、各自に内在する道徳性がどんなものであっても、それが行動に影響を与えるような個人の資質だ……」[11]と、一見すると個人の責任と個人の道徳とは無関係であるようにも述べている。しかし、Barnard のこの考えは、責任を「特定の私的道徳準則の力」としている、上でみた責任の定義と矛盾している。このような矛盾は、Barnard が責任と「責任感」を混同していることに原因があるのではないかと考えられる。道徳準則の問題は、責任をどのように考えるかという責任感を論じる際には有効であろうが、責任そのものとは関係ない。現実には、責任は、個人の道徳準則およびその道徳準則を遵守するか否かとは関係なしに発生するからである。このことは、Barnard が責任を「……個人の行動を規制する特定の私的道徳準則の力」であるとか、「個人の資質」と捉えている点からみて、責任は社会的関係の中で発生するという点を見落としているからであると思われる。

2-2 Luhmann のアプローチ

　Luhmann のアプローチの特徴は、考察の基礎にシステム概念を据えている点である。しかもシステムを「全体、部分および関係という概念」[12]によって定義する伝統的なシステム概念や、この概念に基づく古典的組織論もしくは伝統的組織論の考え方とは、批判的に対決しなければならないと主張する[13]。なぜならば、このようなシステム概念は「システムを内的関係に限定し、その環境を無視している」からであると Luhmann は述べている[14]。

　Luhmann は、システムを環境に対する境界の相対的な恒常性によって定義するとし、さらに、内と外の区別が適用できるものはすべてこれをシステムと呼ぶことができると述べている[15]。このことを踏まえて、Luhmann は秩序が形をとりはじめると外との境界が引かれなければならず、また反対に、その境界を維持するためには、内的秩序が存在しなければならないとしている[16]。このようなシステム概念の適用は人間の行為連関においても可能であり、他の行為連関と境界によって区別できるならば、その行為連関は行為システムと捉えられる。ただし、注意しなければならないのは、行為システムも含む社会システムは具体的な人間から成立しているのではなく、具体的な行為により成立している、という点である。そのため、人間はある社会システムの成員であったとしても、その社会システムにとっては環境であるということになり、システムを構成する人間のパーソナリティは切り離されることになる[17]。そして、このような行為システムを秩序づけるのは、行為の主観的意味すなわち行動期待であり、行動期待の安定化が秩序づけであると Luhmann は主張する[18]。

　さらに Luhmann によると、システムの中には、人間の入れ替わりや行為を方向づける期待内容の変化に抗してシステムの同一性を保障するような公式的と称される構造が存在し[19]、この公式的な構造が、彼のいう公式組織である[20]。そして、公式組織はさまざまな派生的な問題を抱えている。その1つが責任であると Luhmann は述べている。

Luhmannは、「……不確実さを吸収するとともに他者の意識にかかる負担をも軽減するような、情報処理の社会的な過程である……この過程の中で、責任は、不十分な情報にとって代わることによって、確実な情報がある場合と機能的に等しいはたらきをする」と述べている[21]。そして、責任は社会的コミュニケーションの問題にかかわって発生してくるのであり、コミュニケーションは社会システムの構造に従ってなされるわけであるから、責任が発生するかどうかもその構造によって決まる、としている[22]。このようなことを踏まえ、Luhmannは「責任は決定を下すさいのいわば無担保の情報量である。ある人が入手した情報との比較でその人が与える情報に含まれるプラスアルファが責任なのである」[23]と、責任の概念を規定している。

　Luhmannによる責任の概念規定は、行為連関を前提として規定しているだけに、先にみた経営学における概念規定と比較すると前進しているように見受けられる。しかし、Luhmannが規定したように、入手した情報量にプラスアルファした分の情報量が責任であると考えると、例えば上司が部下に情報を伝達する際に、何ら情報を加えずに伝達すると、プラスアルファ分の情報量がない、すなわち、上司には責任がない、という奇妙な事態が発生してしまう。この点からみても、責任を不確実性の吸収という観点と情報量から規定するのは無理があると思われる[24]。

2-3 ▎小坂井のアプローチ

　小坂井敏晶のアプローチの特徴は、責任を社会的虚構と捉えている点である。しかも、責任は虚構抜きには成立しないし、責任を支える根拠は存在しないにもかかわらず、人間が虚構としての「外部」を創出することによって根拠づけられるとして、虚構の重要性を評価している[25]。以下では、小坂井のアプローチについて検討してみたい。

　小坂井は、ナチスによるホロコーストを例にとりながら、命令する者と直接手を下す者とが分離されると、犯罪に対する心理的負担が減って結果的に殺戮装置の作動が可能になり、責任が雲散霧消することを明らかにしている。

これは、分業することで責任に対する感覚が薄れ、長い流れ作業の後に生ずる結果に自分自身が加担している感覚が薄れてしまうからであり、このような感覚の希薄化が生まれるのは、分業体制の下では組織的に連動する各行為が全体の中で持つ意味が隠蔽されるからである、としている[26]。

　こうした形で雲散霧消してしまうこともある責任を概念づけるにあたり、小坂井は、因果関係の枠組みで理解する発想自体を覆さなければ理解できないとしている[27]。小坂井によると、責任は、時間軸上に置かれた意志なる心理状態とその結果という出来事の関係の結果によって生まれるのではなく、社会秩序という意味構造の中に行為を位置づけ辻褄合わせをした際の産物[28]であるという。そしてこのような責任の本質を、小坂井は P. Fauconnet に依拠しつつ、犯罪に対する罰との関係から明らかにしている。すなわち、そもそも犯罪とは社会あるいは共同体に対する侮辱であり反逆であるから、社会秩序が破られた場合、社会秩序を回復するために犯罪を破棄しなければならない。しかし、すでに起こってしまった犯罪そのものを無にすることは不可能なので、犯罪を象徴する対象がシンボルとして選ばれ、そのシンボルが罰せられて破壊される儀式を通じて秩序が回復される。そのため、小坂井は責任があるから罰せられるのではなく、責任をとって罰せられることで社会秩序を回復することに、責任の本質があると主張する[29]。そして、社会秩序が破られたかどうかを判定する基準は、その社会において恣意的に成立する社会規範に求められるのであり、その恣意性を隠蔽するお陰で社会秩序は成立すると述べている[30]。

　小坂井は、責任に限らずさまざまな社会現象は、虚構や錯覚であるにもかかわらず現実の力を生み出すのではなく、逆に錯覚に支えられた虚構であるからこそ世界は円滑に機能し、現実の力を生み出すと主張する[31]。社会における秩序は、人間がつくるものであるが、その秩序がどの人間にとっても手の届かない外在的な存在になってこそ、はじめてその秩序は安定する。本来、その秩序は根拠を持たないにもかかわらず、誰にも自由にならない外部にその秩序の根拠があるとすることで、秩序が形成される[32]。そして、社

会秩序は社会の内部に根拠を持ちえず、「外部」の虚構に支えられなければ成立しないし、虚構のおかげで社会秩序が機能するという事実が人間の意識に対して隠蔽されなければ、社会秩序が正当なものとして現れてこない[33]。

また、組織も含めた人間の集団自体の責任と個人の責任の関係について、小坂井は、集団自体が負う道徳責任という概念は、定立そのものに意義がないとしながらも、法人や国家のように法的に擬制される集団の政治責任や行政責任の意義を認めている[34]。すなわち、法人や国家は法律という社会契約における取り決めがあって存在し得るのであり、集団が負う責任が個人である構成員に移転されるのは、契約の履行によるものであると捉えられている[35]。

3 責任と組織

3-1 組織の概念

上の議論を踏まえて、以下では組織における責任について考察していくが、それに先立って本章における組織の概念について簡単に述べておきたい。

組織を考察する際に、Barnardの「意識的に調整された人間の活動や諸力の体系」[36]という定義を用いることが一般的であろう。しかし、Barnardの定義には、組織の境界を明確に規定することが困難であるという難点があり、本章での議論のように組織における秩序を議論する場合には課題が残る。なぜならば、秩序が及ぶ範囲を確定できないからである。そこで、本章ではこのような課題を乗り越えるべく、M. Weberの議論を踏まえた中條秀治の定義に則り組織の定義を展開していく。

Weberは、他人の行動に方向づけられている社会的行為として、目的合理的行為、価値合理的行為、感情的行為、伝統的行為をあげ、反復的に行われる社会的行為を社会的関係と捉えた。この社会的関係は、本人の意思以外にその社会的関係の参加に一定の条件が付与され、関係が結ばれる範囲が限

定され境界が規定されている閉鎖的社会的関係と、参加に一定の条件が付与されず、参入や離脱が自由に行われる開放的社会的関係に分類されている。そして、このうち閉鎖的社会的関係において、その社会的関係の秩序を維持しようとする指導者（Leiter）や管理担当者（Verwaltungsstab）が存在するような社会的関係を団体（Verband）と定義した。

Weberはこのような団体の定義を踏まえて、「……秩序の実施と支配への服従の強制を目指す幹部の継続的な行為が存在する場合、このような支配を実現する行為を確保することが組織という言葉で意味されている……」と組織を定義している。そして、Weberは組織を国家行政の官僚組織を念頭に置いている。

これに対して中條は、組織は支配を実現するためだけでなく、さらに一般的な目的のためにも存在し得ると捉え、そこから、国家行政の官僚組織以外にも組織は存在し得るとした。そして、Weberの組織の定義を一般化して、中條は組織を「団体の維持・運営のための社会的関係」[37]と定義している。

このようなWeberや中條の組織の定義は、組織は閉鎖的社会的関係であるということを前提としており、組織への参加には一定の条件を必要としている。このため、組織の構成メンバーとそれ以外の人を明確に区別することが可能であり、これにより組織の境界を確定できる。また、組織が維持・運営しようとする団体は、その秩序を維持しようとする指導者や管理担当者が存在していることから、組織は団体の秩序の維持も目的としているといえる[38]。

3-2 組織における責任の概念

本章第2節では、責任についての諸説を検討した。このことと、本章における組織の定義を踏まえて、組織における責任の概念の規定を試みたい。

組織における責任を定義するうえで注意しなければならないのは、組織という社会的関係における責任を考えなければならない、ということである。そのため、これまで想定されていた、責任を何らかの実体として捉えるような考え方とは異なる考え方を踏まえた概念規定が必要となる[39]。

責任が実体を持たないのであるならば、責任という事象が、組織においてどのような状況で認識されるのかを明らかにしておく必要がある。責任は常に存在し人々の意識の上にあるわけではなく、何らかの契機によって意識されるようになる。その契機とは、組織において何らかの問題[40]が発生してその問題解決に失敗することであり、このことによってはじめて人々の意識に責任という事象が明確に浮上する。

　なぜ、問題解決に失敗すると、人々の意識に責任が浮上するのか。それは、組織のメンバーにとって問題解決の失敗は「悪」だからである。小坂井は、「悪い行為だから我々は非難するのではなく、逆に社会的に非難される行為を我々は悪と呼ぶのだ」[41]ということを指摘している。このことを踏まえると、組織は、団体を維持・運営するための社会的関係であることから、団体を運営するうえで非常に重要である、団体目的の達成を阻害しかねない問題解決の失敗という事象は、その組織のメンバーにとって正に重大な「悪」なのである。そして、このような「悪」の存在は、組織が維持しようとする団体の秩序を乱し、組織という社会的関係に重大な影響を及ぼす可能性がある。そして、団体の秩序を回復するためには、改めて問題を解決して問題解決の失敗という「悪」を消し去るか、時系列的にみて「悪」そのものを消し去ることができないのなら、その「悪」を象徴し代わりとなる人などを罰することで、メンバー間の動揺を抑え秩序を回復する。この一連の過程でメンバーの意識にのぼるのが、責任であるといえる。これを図に表すと、図3-1のようになる。

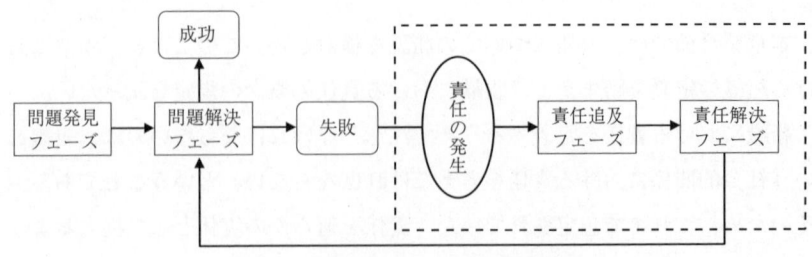

図3-1　組織における責任の発生過程

組織において、問題発見、問題解決の各フェーズを経て、問題解決が成功すればそこで一連の過程は終了するが、失敗した場合、上で説明したように象徴としての責任が発生し、責任追及フェーズに移行する。責任追及フェーズでは、責任として発生した内容について明らかにされ、同時に責任者も追及されることで次の責任解決フェーズに移行するための準備がなされる。責任解決フェーズでは、責任追及フェーズで明らかにされた責任の内容などを受けて、責任者の懲罰などが行われると同時に組織の秩序の回復が図られる。そして、再び問題解決フェーズに戻されて、成功するまで一連の過程を繰り返すことになる。

　このようにみていくと、組織における責任とは、「組織において発生した問題を契機としてメンバーの意識に上る、その問題の象徴的側面」であると定義できる。責任はあくまで象徴であるから、実体を持つことはない。しかし、組織のメンバーの意識にのぼり、組織のメンバーの行動を規定する存在なのである。

3-3 ▎訪問看護ステーション組織における責任

　医療費の高騰に伴い、病院などでの入院日数が減らされつつある現在、在宅での治療において、重要性が高まっている医療機関が訪問看護ステーションである。訪問看護ステーションは、病院などの他の医療機関と比較して、組織としていくつかユニークな特徴を持っている。そこで、上でみたような、組織における責任の特徴を踏まえ、訪問看護ステーションの組織における責任について検討する。

　訪問看護ステーションの組織としての第1の特徴は、制度上の制約から、法人の下にある機関として設置され必ず複数のメンバーで組織化されなければならない、という点である。診療所などが必ずしも法人の下に設置されなくてもよいのに対して、訪問看護ステーションは法人の下に設置されることが義務づけられており、しかも、職員数については看護師が常勤換算で2.5人以上いなければならないと定められている。ただし、設置法人については

医療法人だけでなく、NPO法人や営利法人についても、訪問看護ステーションの設置が認められている。

　第2の特徴は、利用者に医療サービスを提供する場が固定されず利用者ごとに大きく変化する、という点である。同じ医療サービスを提供する場である病院や診療所は、利用者である患者が病院などに移動してきて医療サービスを提供される。これに対して訪問看護ステーションの場合、医療サービスを提供する看護師が利用者宅に移動し、そこで医療サービスを提供する。病院などの場合、診察室など常に同じ環境で医療サービスを提供することになるのに対して、訪問看護ステーションの場合はそれぞれの利用者宅という、訪問する先々の異なる環境の下で医療サービスを提供することになる。そのため、訪問看護師は病院などの看護師よりも柔軟に環境の変化に対応する必要がある。

　第3の特徴は、医療サービスの提供について外部との密接な関係が前提になっている、という点である。訪問看護ステーションは医療サービスを提供する際に、その利用者を診察していた主治医の指示を文書で受け取りそれに基づいて看護を行わなければならず、訪問看護計画書および訪問看護報告書を主治医に提出するなど、主治医と密接な連携を図ることが求められている[42]。

　このような特徴を持つ訪問看護ステーションにおける組織の責任は、企業とはもちろん、同じ医療機関である病院などとも異なる特徴を持っている。上でみたように訪問看護ステーションが行う医療サービスの提供については、主治医との密接な連携が求められており、病院などで提供される医療サービスと違いはない。違いがあるのは、病院などで行われる看護師による医療サービスは、同一組織内で行われるのに対して、訪問看護ステーションで行われる場合は、主治医が所属している組織とは別の組織において行われる、という点である。加えて、実際に看護師による医療サービスの提供される場が、主治医が勤務している病院などにおいてではなく、それぞれの利用者の居宅であることから、物理的にも別の場で提供されている。

　このため、小坂井が指摘している、責任が雲散霧消するような事態が発生

しやすいのが、訪問看護ステーションの組織における責任の特徴である。物理的にみえない場で行われる行為に対しては、責任が人々の意識にのぼりにくい。そのような意味では、訪問看護ステーションは、二重にこのような事態を引き起こしやすい状況にある。その理由は２つある。第１に、上でみたように主治医が所属する病院などの医療機関と、訪問看護ステーションは組織としても物理的にも別であるので、主治医の目が行きとどかない場で医療サービスが提供されるからである。さらに第２に、訪問看護師は利用者のそれぞれの居宅で看護を行うため、訪問看護ステーションの所長からも物理的にみえない場で医療サービスを提供しているからである。このような特徴を踏まえると、訪問看護ステーションでは、問題に対する責任の追及が緩くなったり、責任が発生するのを恐れて問題そのものを隠蔽しがちになる傾向が、他の医療機関より強まると考えられる。

4　今後の課題

　今後検討すべき課題としてあげられるのは、訪問看護ステーション組織における責任の特徴にみられるような、責任の追及が緩くなったり問題が隠蔽されるような事態が起きないようにするにはどうすればよいのか、ということである。ここで注意したいのは、隠蔽されるのは問題であって、責任ではない、ということである。組織において、問題も責任と同様に虚構であって、組織のメンバーが意識の外に追い出してしまえば、それはもはや存在しないに等しい。組織において問題として認識される事象とは、期待と現実の差異である。すでに起きてしまった現実を消し去ることができないならば、当初抱いていた期待を変更するか、もしくは新たな現実を作り上げることでしか問題を解決することはできない。新たな現実を作り上げるには、上でみたように、責任の追及など組織のメンバーにとって受け入れ難い行為も要求される。これに対して期待を変更して現実との差異をなくすことで、問題を隠蔽することも可能である[43]。

このようなことは、その組織に隠蔽を受け入れ可能な心理的土壌、すなわち組織文化が存在してはじめて可能になる。すなわち、組織における責任の問題は、組織文化の問題でもあり、今後このような側面からの分析が必要なのである[44]。

(本章は平成 21 年度科学研究費補助金（基盤研究（C））、「看護ネットワークの構築による訪問看護ステーションの経営基盤強化に関する研究」（課題番号：21590576）の研究成果の一部である。）

▌注

(1)　問題や失敗の解決は必ずしも望ましい形で行われるとは限らず、そのため「無責任」な状況が発生することもある。この点については磯山（2006）を参照。
(2)　磯山（2009）を参照。
(3)　磯山（2006）を参照。
(4)　斎藤（2001）を参照。
(5)　Davis (1951, p. 243).
(6)　*Ibid.*, p. 244.
(7)　Barnard（1938、訳 274 頁：p. 263）。
(8)　Barnard（1938、訳 291 頁）。
(9)　同上。
(10)　瀧川（2003、119 頁）。なお、負担責任論について瀧川（2003）はその特徴として、①実体的責任観であること、②責任実践の中心的理念として責任の分配・帰属の決定にあること、③責任の分配・帰属を認定する裁定者に 1 次的な関心が向けられること、の 3 つをあげている。また、負担責任論は法学においても責任の通説的な解釈とされているが、瀧川は、負担の帰属・配分ではなく、責任を問い責任に答える過程を責任の中心的理念とし、責任を問責とそれに対する応答という関係の中で捉える応答責任論を、負担責任論に代わって主張している。127 頁。
(11)　Barnard（1938、訳 278-279 頁：p. 267）。
(12)　Luhmann（1964、訳[上]26 頁）。
(13)　同上。
(14)　同上、27 頁。
(15)　同上。
(16)　同上。
(17)　同上、28 頁。そのため、各個人の属人的な特性や心理的な特性は議論の対象とはならない、というのが Luhmann の議論の特徴である。
(18)　同上、30 頁。

(19) 同上、31頁。
(20) Luhmannのいう公式組織という用語は、Barnardのいう公式組織とは意味が異なる。また、Luhmann自身も述べているとおり、人間関係論で用いられる非公式組織と対比する意味での公式組織とも意味内容が異なる。同上、37頁。

なお、Luhmannは彼のいう公式組織の特徴として、その公式組織が持つ規範の承認をもってある人物がその組織の成員でありうるかどうかの基準となる点や、さらに、成員資格の有無を決定する権限を与えられた集団がその内部に存在しなければならない点をあげている。このような考えは、後にみるWeberの団体の概念と類似性が高い。
(21) Luhmann（1964、訳[下]31頁）。
(22) 同上、31-32頁。
(23) 同上、32頁。
(24) このことは、Luhmannが責任概念とは別に「責任事項」という概念を定立することにもみてとれる。Luhmannは「責任事項」を失敗に対する釈明義務として解釈できるとしている。Luhmann（1964、訳[下]36頁）。
(25) 小坂井（2008、211頁）。また、小坂井は「外部」への責任転嫁こそがさまざまな制度を支えていると、積極的に評価している。例えば、同、91頁。ここでは小坂井は、「無責任体制のおかげで死刑制度が可能になる」と述べている。
(26) 同上、41-44頁。また、小坂井は死刑執行をこのような責任転嫁の例として詳細に分析している。同上、第2章。
(27) 例えば、小坂井はT. Nagelを引用しながら、たまたまナチス・ドイツの時代にたまたまドイツに生まれたことで、一般市民も犯罪的行為を犯し責任を問われたのであり、このようなことは運命に任せざるを得ないとしている。そして、行為の原因が自らにあるから責任を負うという因果関係から責任を捉えると、責任と運は相容れないと小坂井は述べている。また、同様にG. Strawsonを引用しながら、責任と因果関係は論理矛盾を抱えるため根本的に相容れないとしている。同上、146-147頁。
(28) 同上、152頁。
(29) 同上、191-193頁。
(30) 同上、195頁。
(31) 同上、212頁。
(32) 同上、223頁。
(33) 同上、228頁。
(34) 同上、176-178頁。
(35) 同上、178頁。
(36) Barnard（1938、p. 65：訳67頁）。
(37) 中條（1998、203頁）。
(38) この点を考慮すると、組織は団体が持つ目的と、団体の維持・運営という二重の目的を達成することを求められることになる。組織目的の二重性については、

磯山（2001）を参照。
(39) もし責任が実体を持つのであるならば、無責任な状態は発生しないはずである。しかし、現実には磯山（2006）で指摘したように、組織という社会的関係自体が無責任な状態を生み出す原因を内包している。また、先にみたように小坂井も同様に、命令者と執行者が分離することにより責任が消滅してしまうことを指摘している。このようなことは、責任が社会的関係の中においてこそ発生することを示しており、責任は実体を持つとしている限り、責任を正確に理解することはできないということになる。
(40) この問題については、組織目的の二重性ということを踏まえると、1つは団体目的の達成との関連で発生する問題である。そして、団体目的とは関係なく、団体の秩序を乱すこと自体も組織において重大な問題であるといえる。
(41) 小坂井（2008、195頁）。
(42) 「指定居宅サービス等の事業の人員、設備及び運営に関する基準」（平成11年厚生省令第37号）、第69条による。
(43) ただし、このときには現実はそのまま残ることになり、場合によってはさらに受け入れ難い現実が目の前に横たわる、という事態を招くことになるかもしれないが。
(44) Barnardは責任における道徳的側面を強調したが、組織における責任は道徳的責任のみではない。瀧川によると、法的責任と道徳的責任の相違は責任概念の相違ではなく、問題となる規範の違いであるという。すなわち、法的責任は法規範が問題となる責任であるのに対し、道徳的責任は道徳規範に対する責任なのである。瀧川（2003、108頁）参照。

‖引用・参考文献

Barnard, Chester I., *The Functions of the Executive*, Harvard University Press, 1938.（山本安次郎・田杉競・飯野春樹訳『新訳　経営者の役割』ダイヤモンド社、1968年）

Davis, Ralph C., *The Fundamentals of Top Management*, Harper & Bros, 1951.

Luhmann, Nikulus., *Funktionen und Folgen formaler Organisation*, Duncker & Humbolt, 1964.（沢谷豊・長谷川幸一訳『公式組織の機能とその派生的問題』上・下巻、新泉社、1996年）

磯山優「組織目的と団体目的についての一考察」『埼玉学園大学紀要』経営学部篇創刊号、2001年

磯山優「組織における無責任に関する一考察」『埼玉学園大学紀要』経営学部篇第6号、2006年

磯山優「株式会社組織における株主の責任」三浦庸男・張英莉編著『現代社会の課題と経営学のアプローチ』所収、八千代出版、2009年

小坂井敏晶『責任という虚構』東京大学出版会、2008年

斎藤弘行「経営組織論における責任—Luhmannの思考による—」『経営論集』第53巻、

2001年
瀧川裕英『責任の意味と制度―負担から応答へ―』勁草書房、2003年
中條秀治『組織の概念』文眞堂、1998年

第4章

日本の食品企業における PB 開発の動向と諸課題
——食品企業財務動向調査報告書を中心に

1　はじめに

　現在、わが国の経済状況は不況局面のまっただ中にある。景気悪化による所得の減少や雇用不安、先行き不透明感は、消費者に出口のみえない閉塞感を与えている。こうした景気後退局面における消費者は貯蓄性向を高める一方、消費性向は消極的な態度、生活防衛を色濃く反映した低価格志向の消費行動を示している。この消極的な消費行動の結果は、2007年の小売業における年間商品販売額は134兆7054億円とピークだった1997年の147兆7431億円という数字からおよそ9ポイントの下落という小売販売額の減少傾向となって表れている[1]。

　消費者の価格センシティビティが高まりつつある昨今、「PB (Private Brand：以下 PB) 急拡大」「PB ブーム」など、PB を不況時の救世主ともてはやす報道が散見されるようになってきた[2]。こうしたブーム的様相を牽引する小売各社は PB を次々と導入し、圧倒的な価格の安さを武器に低価格志向の消費者を店舗へ呼び戻すことに躍起になっている。イオンは PB「トップバリュ」を2008年度の3700億円の売上高を2010年度にはおよそ2倍の7500億円にまで倍増させる計画を表明[3]しており、他方、セブン＆アイ・ホールディングスの PB「セブンプレミアム」では2009年度に2000億円だった販売額を、翌年2010年度までに3200億円規模に増やす計画で開発を進め

ている。大手スーパーを中心にPB開発への動きが活発化しつつある。こうした動きに対応して、これまでPBの生産に消極的な姿勢を示してきたメーカーも相次いでPB開発に乗り出している。当初、PB開発を請け負うメーカーは中小メーカーに限られていたPB供給対応だったが、最近では大手食品メーカーにも波及・拡大しつつある。日本政策金融公庫の調査（2009）では食品製造業者の64.2％、小売業者の71.8％がすでにPBを扱っており、食品製造業者では23.2％が「扱いを増やしたい」、9.8％が「新たに扱ってみたい」という数字を示すなどメーカー・小売業ともにPBへの関心の高さがうかがえる。

　実務において高まりつつあるPBへの関心とともに、研究面でもここ数年、多様な側面からPBをテーマに据えた研究が行われるようになってきた。しかし、PB研究は先行する欧米諸国の研究が中心で、日本において必ずしも豊富な研究蓄積が行われているとは言い難い。その1つの要因は、統計データの不足やヒアリング調査の困難さに求められる。とりわけPB開発にかかわる実態調査を行う場合、小売業側のヒアリング結果や統計データを中心にPB開発の実態が描かれる場合が多く、メーカー側はPB取り組みの実態公表に慎重な場合が多い。それはPB開発における小売・メーカー間の取引内容や関係性に焦点をあてれば、必然的にメーカーにとって明るみにできないコスト構造の問題にかかわる点や、取引関係に横たわるパワー問題にかかわる点、あるいはメーカーのブランド力の低下と捉えられるなどの点から当然の帰結であり、PB供給対応の実態を明らかにすることには限界があり、これまでも一部のケースとして取り上げられるにとどまっていた[4]。

　そんな中、1つの調査報告書が刊行された。2010年3月農林水産省総合食料局補助事業、平成21年度食品産業構造調査「食品企業財務動向調査報告書—食品企業におけるPB取組の現状と課題—」[5]である。この調査報告書は小売やメーカーへのアンケート調査やヒアリングにより、PB開発にかかわる小売とメーカーによるPB開発の実態を豊富なデータに基づいて明らかにしたもので、日本のPB開発の現状を把握するための多くの示唆に富んだ調査報告書であるといえよう。

本章ではこの「食品企業財務動向調査報告書」を手がかりに、食品小売業におけるPB取り組みの実態、食品メーカーにおけるPB取り組みの実態についてアンケート結果やヒアリング調査を踏まえて現状を整理し、わが国のPB開発におけるメーカーと小売業の現状と今後の課題、そして展望について検討する。

2 PB開発の進展と発展過程

2-1 日本におけるPBの発展過程

　PBへの関心が高まっているとはいえ、実際、表4-1に示すように日本の小売業におけるPBシェアは1割にも満たない。他方、欧米諸国に目を転じれば、欧州地域を中心に各国のPBシェアは相対的に高く、このデータからもわが国のPB発展の後進性が浮き彫りになってこよう。こうしたPBシェアの各国の差異がなぜ生まれるのかについては、①PBシェアは景気と逆相関関係で遷移する（Hoch & Benerji, 1993）、②PBシェアは小売業の市場集中度（寡占化の程度）の高低に相応する（Laaksonen & Reynolds, 1994、根本、1995）、③市場内におけるPB進出の余地の有無（矢作、2000）、④小売企業の継続的なPB開発能力の有無（矢作、2000）、⑤PBの品質、価格訴求力の向上の程度（Laaksonen & Reynolds, 1994、矢作、2000）など諸説提起され、PB発展のための条件についてマクロ・ミクロ視点から追求する多様な研究が進められている。

　歴史的にみても、日本の小売業におけるPB開発への取り組みは後発組である。日本の食品小売業におけるPB導入の端緒として最もよく知られているのは、1960年にダイエーが発売した「ミカン缶詰」であるといわれている[6]。だがPBへの取り組み時期も欧米のPB先進国に比べて遅い。イギリスにおいてPB開発の歴史は古く、1880年頃の生協でPBの原初的形態が登場する。当時、最大規模の小売グループを形成していた生協は小麦粉、砂糖、

表4-1 各国のPBシェアランキング

	国名	地域	PBシェア		国名	地域	PBシェア
1	スイス	欧州	45%	20	ノルウェー	欧州	8%
2	ドイツ	欧州	30%	21	アイルランド	欧州	7%
3	イギリス	欧州	28%	21	チェコ	欧州	7%
4	スペイン	欧州	26%	23	香港	アジア太平洋	4%
5	ベルギー	欧州	25%	23	ブラジル	中南米	4%
6	フランス	欧州	24%	23	ギリシャ	欧州	4%
7	オランダ	欧州	22%	23	南アフリカ	アフリカ	4%
8	カナダ	北米	19%	23	プエルトリコ	中南米	4%
9	デンマーク	欧州	17%	23	日本	アジア太平洋	4%
10	アメリカ	北米	16%	29	イスラエル	欧州	3%
11	スウェーデン	欧州	14%	29	シンガポール	アジア太平洋	3%
11	オーストリア	欧州	14%	29	チリ	中南米	3%
13	ニュージーランド	アジア太平洋	12%	29	アルゼンチン	中南米	3%
14	イタリア	欧州	11%	33	コロンビア	中南米	2%
14	ポルトガル	欧州	11%	33	クロアチア	欧州	2%
16	ハンガリー	欧州	10%	35	タイ	アジア太平洋	1%
16	スロバキア	欧州	10%	35	メキシコ	中南米	1%
16	フィンランド	欧州	10%	35	韓国	アジア太平洋	1%
19	オーストラリア	アジア太平洋	9%	38	フィリピン	アジア太平洋	0.5%

出所：Nielsen, A. C., *The Power of Private Label 2005* より一部修正のうえ作成。

塩、コーヒー、紅茶などの生活必需品分野の商品において独自ブランドを広く販売していた[7]。さらに、1910年代に入るとマークス・アンド・スペンサー社（Marks & Spencer）がメーカーから買い取った商品に自社ラベル（ラベルには「Marks & Spencer」という社名を使用）を貼付して販売し、1920年代にはメーカーに対して仕様書に基づく商品発注を開始し、「セントマイケル（St. Michael）」の名を冠して販売する自社PBを本格的に展開しはじめている[8]。アメリカでも、1930年代にシアーズ・ローバック社（Sears, Roebuck and Company）が、当時メーカーの市場支配力の強かった状況下で取引関係にあった数百の中小メーカーを傘下に収め後方統合することで、それまで取り扱って

きた NB（National Brand：以下 NB）商品よりも安価で販売できる PB の生産体制を構築し、商品の低価格販売を実現させていた。ダイエーの PB 導入は、欧米諸国の経験に遅れること 30 年あまりの歳月を要する。

　1960 年代は急速に成長を遂げつつあったダイエーを中心とした大手チェーン小売業が市場を牽引しており、低価格商品の品揃えの実現を目指す小売各社はこぞって PB 導入の検討を開始した。これ以降、大手スーパー各社によって PB 導入が積極的に進められた。こうした流れを受けて、1970 年代後半から 1980 年代にかけては、ユニーの「EV」、ジャスコ（現イオン）の「ホワイトブランド」、イトーヨーカ堂の「カットプライス」、西友の「無印良品」、八社会（ボランタリー・チェーン）の「V マーク」等小売業が独自ブランドの限定品に取り組む傾向[9]がますます強まっていった。1960 年代から 80 年代にかけての PB の目的は圧倒的な低価格販売を実現する商品であった。

　1990 年代に入ると、当時、躍進しつつあったコンビニエンスストアが惣菜や弁当、調理パンなどの中食分野を中心に品質訴求型の PB 商品・オリジナル商品開発が取り組まれていった。品質重視型の PB 供給に対応した主体は、単なる中小企業ではなく、優れた製造技術や安定供給力を経営資源として持つ中堅メーカーであった[10]。

　2000 年代になると小売業における取り扱いの普及が顕著となり、ジャスコ（現イオン）の「トップバリュ」、西友の「ファインセレクト」、ユニーの「e-price」、ニチリウグループの「くらしモア」など消費者に支持される商品コンセプトやブランド力[11]の高い商品を各小売業が展開しはじめるようになった。また、この頃から商品の高質化が進み、プレミアム PB と呼ばれる商品も次々と登場しはじめるようになった。

2-2　PB の質的変化

　日本の小売業によって開発が進められてきた PB は、この 50 年で量的な発展とともにメーカーの製造技術の革新や小売業のマーチャンダイジング力の高まりによって質的にも高度化が進んだ。PB 先進国であるイギリスの

PBの質的変化の過程を4世代（generation）に整理した研究にLaaksonen & Reynolds（1994）があるが、Burt & Sparks（2002）はその研究をさらに発展的に整理し、PB発展の類型論（typology）[12]として5段階に整理し、PBの質的高度化の発展過程を説明している。

これによると、第1世代PBはブランド名を冠さず、NBよりも品質は劣位だが価格は通常のNBよりも20%以上の低価格で販売される「ジェネリック・ブランド（Generic Brand）」の段階である。第2世代PBは独自のブランド名を冠し、低価格商品のコピー商品として開発され、定番商品を中心として大量販売するものだった。品質面では主要なNBと比較して低く、価格はNBよりも10～20%低い「低価格PB」である。第3世代PBは独自のブランド名を冠し、主要なNBをコピーした「模倣型PB」である。品質面ではNBと同等であるが価格は5～10%程度低く設定することで値頃感を押し出したPBである。第4世代PBは顧客セグメントを絞り込んだ付加価値提供型のPBである。品質は主要なNBと同等あるいはそれ以上で、価格も主要NBと同程度あるいはそれ以上を設定する「プレミアムPB」である。第5世代PBは企業ブランドとしてのPBで、当該小売業のアイデンティティを反映させ、消費者のブランド選好において第1選択肢となるような「企業ブランド型PB」という位置づけである。

上記のように、次世代PBへの転換は、PBがジェネリックからNB模倣商品、NB同等商品、そしてプレミアム商品、さらには企業ブランドへと発展を描くものである。こうした整理を日本のPB発展過程にあてはめてみると、ある程度の説明力を持つと考えられるが、注意しなければならないのは、PB戦略は各小売企業が展開するPBに付与するコンセプトによって異なり、PBの発展段階は上記でいう世代を飛び越えて展開されることもあるし、世代の順序が入れ替わる場合もある。また、個々の小売企業によって注力する品目・カテゴリーが異なることから、PBの発展段階を単線的なものとみることは必ずしも適切ではない[13]。しかし、メーカーの製造技術革新や小売業のマーチャンダイジング力の強化などのPBの品質を高めるための諸条件

が整備されれば次世代 PB の発展的登場は理解できる。日本の PB 開発の現状に即してみると、Burt & Sparks の類型論でいう第 4 世代、あるいは部分的に第 5 世代の PB の登場がみられる。

3　食品スーパーにおける PB 開発の実態

　前節では、PB の歴史的発展状況を確認してきたわけであるが、ここでは日本における PB 開発の現状を小売業の側からその実態を捉えるため、「食品企業財務動向調査報告書」を通じて概観していく。
　① PB 開発のコンセプト
　PB 開発のコンセプトは「価格を上回る価値（お得感）」59.4％、「安心安全対策（トレーサビリティ・衛生管理等）」53.1％、「消費者への価値の提案」40.6％、「製造コストの削減」21.9％、「流通コストの削減」15.6％と続いている。企業規模にかかわらず PB の基本コンセプトに「価格を上回る価値（お得感）」と回答している企業が多く、価格と価値の両立を目指した商品開発が行われている。
　② PB の開発方法
　PB 開発において、小売とメーカーがいかにして PB 開発に取り組んでいるのかについては、「共同開発」88.2％、「メーカーからの提案」44.1％、「自社からの仕様書発注」35.3％、「メーカーの既存製品の活用」32.4％、「仕入」11.8％となっている。
　③ PB の取り組み開始年数
　PB 開発の取り組み開始時期をみると「10〜19 年」25.8％、「30〜39 年」19.4％、「20〜29 年」16.1％、以下「3 年以下」、「4〜5 年」、「6〜9 年」、「40 年以上」はいずれも 9.7％となっている。そのうち 1000 億円以上の売上高を持つスーパーで「40 年以上」と回答した企業が 40.0％あり、大手スーパーほど早い段階から PB 開発に注力している。
　④ PB の製造委託先・仕入先について

PBの製造委託先・仕入先数については「20社以上」60.6%、「10〜15社」15.2%、「5〜9社」15.2%、「5社未満」6.1%、「15〜19社」3.0%となっている。スーパーにとって商品の多様化に基づく幅広い品揃えによる顧客の誘因が大きな課題となることからも明らかなように、企業の規模別でみた場合にもPBの製造委託先として「20社以上」と複数企業との取引関係にある場合が多い。

　また、PBの製造委託先の対象となるメーカーの規模については、「中堅メーカー」69.7%、「中小メーカー」60.6%、「大手メーカー（業界リーダー以外）」54.5%、「大手メーカー（業界リーダー）」39.4%、「共同仕入グループ」24.2%、「ボランタリー・チェーン」18.2%となっている。この結果からPBの製造委託先として取引関係を結ぶ企業の中心は中堅以下のメーカーであることが実態である。また、経年比較はできないが「大手メーカー（業界リーダー）」との取引関係を結ぶ企業も4割程度あることから、大手メーカーのPB受諾に対する積極性が推測される。

　PBの製造委託先・仕入における契約方法については、「詳細な取引条件が明記された文書による契約」53.1%、「基本契約書のみによる契約」28.1%、「口頭による契約」6.3%となっている。

⑤　PBの製造委託先・仕入先の選定条件

　PBの製造委託先・仕入先の選定条件は、「安心安全対策（トレーサビリティ・衛生管理等）」53.1%、「品質の安定性」50.0%、「コスト競争力」37.5%、「安定供給力」37.5%、「商品提案力」18.8%、「工場と小売店舗の距離が近いこと」3.1%となっている。いずれの回答も、開発するPB商品の安心安全は絶対条件と考えており、プラスアルファとして小ロットへの対応やコンセプトへの理解を示すメーカーであること、あるいは商品の提案力を持つことなどが条件となっている。

⑥　PB商品販売における他社との提携

　PBの取り扱いの範囲は、「自社単体のみで取り扱っている」34.4%、「企業グループ・提携先グループで取り扱っている」25.0%、「提携先グループで

取り扱っている」21.9％、「企業グループで取り扱っている」18.8％となっている。「自社単体でのみ取り扱っている」と回答したのは販売額50億円未満の企業が多く、販売額1000億を超える大手スーパーでは、企業グループないしは提携先グループで広く取り扱っており規模の経済性を考慮した体制を構築していることがうかがえる。

⑦　PBの販売動向

加工食品販売額に占めるPBの割合は、「1割未満」47.1％、「1〜2割未満」41.2％、「2〜3割未満」8.8％、「4〜5割未満」2.9％となっている。概ねPB比率は1〜2割程度というのがわが国におけるPBの販売比率ということになろう。

3年前と比較して回答を得たPBの販売数量の変化については、「1〜2割未満」30.3％、「10割以上」15.2％、「3〜4割未満」9.1％、「5割以上10割未満」9.1％、「2〜3割未満」6.1％、「4〜5割未満」6.1％となり、これらいずれも3年前と比較して販売数量が増えたと回答している。また、3年前と比べて減ったと回答した企業は15.2％あった。こうしたPBの販売数量の増減は、各企業によるPB政策の位置づけの相違から生じるものであるが、相対的にPB販売量が増加し、商品構成上、PBの品揃えの重要性が高まっていることを示している。

⑧　PB商品87アイテムの取り組み事例

ここでは実際にアンケートの回答を得た87の企業で行われている具体的なPB開発のデータをもとに集計した結果であるが、PB商品の価格帯について「低価格」44.8％、「標準クラス」41.4％、「プレミアム」13.8％となっている。本来PBは低価格を謳い文句に登場してきた背景を持つが、昨今のPB開発において低価格路線であることと価格はNBと同等クラス、あるいはそれ以上というケースが多くみられることも大きな特徴であろう。

同一カテゴリーに占めるPBの割合は「2割以下」49.4％、「7割以上」18.4％、「4割前後」14.9％、「3割前後」9.2％、「5割前後」5.7％、「6割前後」2.3％となっている。

PB商品の値入率は「20〜24％」20.7％、「30〜34％」18.4％、「25〜29％」17.2％、「15〜19％」16.1％、「10〜14％」12.6％、「35〜39％」6.9％、「10％未満」4.6％、「40％以上」3.4％となっている。加工食品の粗利益率はおおよそ20数％である。

⑨　今後のPB取り組みの重要課題

「安心安全対策（トレーサビリティ・衛生管理等）」58.8％、「価格を上回る価値（お得感）」52.9％、「PB商品の市場規模拡大によるコスト競争力」50.0％、「消費者への価値の提案」35.3％となっている。

⑩　PB製造委託先との連携強化について

「PBの製造委託先は競争力のあるNBメーカーを選定し、提携・連携を強化していく」の是非をめぐっては、「肯定」68.8％、「否定」31.3％、とりわけ1000億円以上のスーパーでは「肯定」が100％であり、メーカーのコストや品質などの競争力を重視する姿勢がうかがえる。

また、「特定のPB製造委託先と提携し、強固なサプライチェーンを目指す」ことの是非をめぐっては、「肯定」32.3％、「否定」67.7％となっており、特定のメーカーとの取引関係だけでは強固なサプライチェーンの構築を懐疑的にみる意見や、消費者の変化に即応するために可能なあらゆる製造委託先を模索するといった回答がみられる。

さらに、「企業グループや提携先グループなど共同で取り扱うことにより、PBの市場規模を拡大し、コスト競争力を高める」ことの是非をめぐる回答では、「肯定」74.2％、「否定」25.8％となっており、規模の経済性によるコスト圧縮を目指したいとする意見が多数を占める。

⑪　今後のPB戦略について

「景気が回復した場合でも、PBの取り組みを強化する」の是非をめぐる見解では、「肯定」78.8％、「否定」21.2％となっており、競合他社との差別化を図るためにPBは必須であると考える企業が多数を占め、その他、PBは企業価値を高めるための手段であるから、低コストオペレーションの必要な機能の1つとする見解、高付加価値型PBは需要拡大のための重要な手段と

の見解がみられる。

　また、「今後はプレミアム（高付加価値）のPBの販売に取り組む」の是非をめぐっては、「肯定」59.4%、「否定」40.6%となっており、肯定派は顧客視点で品質面や品揃えでの差別化を重視し多面的なPBの配置の必要性を追求する一方で、否定派の意見にはPBの基本は安心安全と低価格であるとの主張がみられる。

　さらに、「NB商品が低価格や品質において競争力が高くなれば、PBの取り組みをやめる」かの是非については、「肯定」15.2%、「否定」84.8%となっており、PBの配置は差別化の手段であり、ストアロイヤリティを高めるための政策手段であるとの見解から否定派が多数を占めている。

⑫　PB取り組みの今後の意向について

　PB取り組みの今後の意向は、「増やす」52.9%、「変わらない」26.5%、「やや増やす」14.7%、「やや減らす」「減らす」がともに2.9%となっている。おおよそ7割が今後もPBを積極的に増やすと回答しているが、増やすと回答した企業は販売量や利益貢献度、差別化など経営効率向上を図りながら改廃頻度を増やしていくという見解である。

4　食品メーカーにおけるPB開発の実態

　ここからは、食品メーカーにおけるPB開発の現状を「食品企業財務動向調査報告書」を通じて概観していく。

①　PBの開発方法

　PBの開発方法は、「自社の既存製品の活用」65.4%、「共同開発」53.2%、「PB供給先からの仕様書発注」39.1%、「自社からの提案」34.0%となっている。

②　PBの供給先

　PB供給先の企業数は「11社以上」37.3%、「3～4社」23.5%、「5～6社」19.0%、「1～2社」11.1%、「7～8社」5.9%、「9～10社」3.3%となっている。

PB供給先との契約方法は「詳細な取引条件が明記された文章による契約」34.9%、「基本契約のみによる契約」43.4%、「口頭による契約」13.8%となっており、とりわけ50億円未満の売上高の企業では「口頭による契約」の割合が高く、「詳細な取引条件が明記された文章による契約」は低いのが特徴である。さらに企業の売上規模が大きいほど「詳細な取引条件が明記された文章による契約」である場合が多い。

　PB供給先の業種・業態は「SM（Super Market：食品スーパー）」60.5%、「GMS（General Merchandising Store：総合スーパー）」56.7%、「生協」52.2%、「CVS（コンビニエンスストア）」36.3%、「卸売業」35.7%、「ボランタリー・チェーン」18.5%、「ドラッグストア」12.7%、「ディスカウントストア」8.3%、「百貨店」4.5%となっている。

　食品スーパー、総合スーパー、生協等の業態では供給先として企業規模の相違による差異はさほどみられないが、コンビニエンスストアについては100～1000億円規模あるいはそれ以上の売上の企業との取引を行うケースが非常に高いことがわかる。

　③　加工食品販売額に占めるPBの割合

　加工食品販売額に占めるPBの割合は「1割未満」32.5%、「1～2割未満」28.7%、「2～3割未満」17.2%、「5割以上」10.8%、「4～5割未満」6.4%、「3～4割未満」4.5%となっている。各メーカー企業規模にかかわらず「1割未満」、「1～2割未満」が多く、とりわけ大手メーカーほど「1割未満」と回答する企業が多い。

　④　PBの販売数量の変化（3年前との比較、金額ベース）

　PBの販売数量の変化について3年前と比較して増えたと回答した企業では「1割未満」17.1%、「1～2割未満」16.4%、「2～3割未満」9.9%、「5割以上」7.2%、「3～4割未満」5.3%、「4～5割未満」1.3%となっている。また、「変わらない」27.0%、「減少」15.8%となっている。この3年間での販売数量が「変わらない」、あるいは「増えた」と回答したメーカーが8割を超えているのが特徴であろう。

⑤　PBの製造開始年数

PBの製造開始年数については「20〜29年」34.5%、「10〜19年」26.1%、「30〜39年」18.3%、「40年以上」5.6%、「3年以下」5.6%、「4〜5年」4.9%、「6〜9年」4.9%となっている。

⑥　PB商品272アイテムの取り組み事例

ここではアンケートの回答が得られた272のアイテムで実際に行われている具体的なPB開発のデータをもとに集計した結果であるが、PBの開発方法としては「自社既存製品の活用」46.7%、「共同開発」26.6%、「PB供給先から仕様書発注」13.9%、「自社からの提案」12.4%となっている。

PBの生産に使用される原材料価格はNBに使用される原材料価格と比較して「変わらない」71.2%、「高い」12.0%、「やや低い」11.7%、「低い」4.4%となっており、PBは低価格を実現する源泉が原材料に使用する素材の品質の低さから生み出されているとする見解を否定するような結果が表れている。

PB商品の価格帯は「低価格」51.8%、「標準クラス」41.2%、「プレミアム」6.9%となっている。

PB商品の在庫管理コストの負担は「自社製品販売時と同水準」51.5%、「多少必要」30.7%、「負担なし」15.3%となっている。

PB商品にかかる協賛金の負担は「負担なし」58.5%、「多少必要」28.7%、「自社製品販売時と同水準」11.8%となっている。

PB商品にかかるセンターフィーの負担は「負担なし」43.0%、「自社製品販売時と同水準」32.2%、「多少必要」24.1%となっている。

PB商品が小売店頭で売れ残った場合などの返品の有無については「原則なし」87.2%、「相談され原則受け入れる」6.2%、「通常と同じ」4.0%、「相談されるが受け入れない」2.6%となっている。

PB開発への関与による経営貢献度は「どちらともいえない」40.5%、「やや低い」25.9%、「低い」17.5%、「やや高い」12.0%、「高い」4.0%となっている。PB開発への関与が経営の安定化に寄与していると答えた企業がある程度あるものの、どちらかといえばPB開発による経営上の貢献に寄与してい

るという積極的な回答は少ない。

⑦　PB 取り組みの効果・メリット

PB 取り組みの効果・メリットについては、「工場稼働率の向上」75.8%、「販路の安定・拡大」50.3%、「返品がない」15.9%、「販促費・広告宣伝費の削減」7.6%、「直販による流通マージンの削減」5.7%、「在庫リスクの低減」5.7%、「PB 供給先からの商品開発アイディアの入手」5.1%である。

⑧　PB 取り組みのデメリット

PB 取り組みのデメリットについては、「収益力の低下」62.4%、「使用・レシピ・製法の PB 供給先への開示」31.2%、「自社のブランド価値の低下」22.9%、「製造コストの PB 供給先への開示」17.2%、「衛生管理コストの増加」14.0%、「トレーサビリティコストの増加」、「自社の製品開発力の低下」8.3%となっており、PB の安価な価格設定により製造コストに見合わない仕入価格の要請や原価表や製造工程表などのメーカーの核心部分を小売業に開示しなければならないことをあげる企業が多い。

⑨　PB 製造におけるコスト削減効果

PB 製造においてコスト削減された費目については、「販売促進費」59.3%、「広告宣伝費」54.3%、「リベート」25.0%、「製品開発費」23.6%、「協賛金」20.7%、「センターフィー」18.6%、「在庫管理費」11.4%、「原材料費」7.1%となっている。

⑩　PB の利益率

PB 製造における利益率は「低い」46.2%、「やや低い」36.5%、「変わらない」11.5%、「高い」3.2%、「わからない」2.6%となっている。低いと答えた企業が 8 割を超え PB 受託時のメーカーの収益力の低さが際立っている。その理由としては、自社 NB よりも低価格であることが求められることや、他メーカーとコンペ方式で PB 受託の入札が行われる場合があることから利益率は低くならざるを得ないのが現状である。

⑪　PB 取り組みの経営への貢献度

PB 取り組みの経営への貢献度については「どちらともいえない」43.2%、「や

や高い」29.0％、「やや低い」11.6％、「低い」10.3％、「高い」5.8％となっており、相対的に市場地位の高いメーカーにとってPBの取り組みは経営への貢献度が低い傾向にあるのに対し、市場地位の低いメーカーほど経営への貢献度が高い傾向を示している。貢献度への積極的な回答には、年間販売計画の予測の立てやすさ、工場を安定的に稼働可能との回答がある。消極的な回答には、工場稼働率には寄与しているが利益率が低く、全社的利益率を圧迫するなどの回答がある。

⑫　今後のPBへの取り組みの意向

「PB取り組みは販路維持拡大の一環であり、供給先とは是々非々で取り組む」の是非については、「肯定」85.5％、「否定」14.5％となっており、小売業との条件面での一致がみられれば供給対応に応じる姿勢であることがうかがえる。

「PB供給先の商品企画力は、とても参考になる」の是非をめぐっては、「肯定」41.7％、「否定」58.3％となっている。大きく意見が拮抗したが、否定派はPBの仕様アイディアはメーカーからの提案による場合が多く、市場性の高い売れ筋をPB製品化するため小売の企画開発力はあまり参考にならないことを指摘し、他方、肯定派は消費者ニーズを把握できる点で小売の企画力は参考になると回答している。

「特定の供給先と提携し、強固なサプライチェーンをめざす」についての是非をめぐっては、「肯定」33.8％、「否定」66.2％となっている。肯定派は、当面一定の売上を確保するために目指すとし、否定派は、特定供給先との提携は売上依存度を高めてしまうためリスクが高いことを指摘している。

⑬　自社ブランドとPBとの市場競争について

「自社ブランドのコスト競争力を強化し、PB等との競争力優位をめざす」については「肯定」62.4％、「否定」37.6％となっている。肯定派は、中堅以上のメーカーが多く、自社ブランドが売上の主軸であるためにコスト競争力の強化は必須と考えているが、下位メーカーは小売店側がPB増を打ち出す以上それに従うだけとの小売依存的な態度を示す回答がみられる。

⑭　PB取り組みの今後の意向について

　PB取り組みの今後の意向については、「変わらない」48.7%、「やや増やす」22.7%、「わからない」11.0%、「やや減らす」9.1%、「減らす」4.5%、「増やす」3.9%となっており、これまでどおりあるいは増やすとの回答が7割を超える。メーカーの対応姿勢として、変動する景気や流通事情に応じてその都度個別的に判断しながらPB開発に取り組んでいく慎重な姿勢を示している。

5　PB対応をめぐる小売とメーカーの課題と展望

　今回の調査結果から明らかにされたデータをもとに、日本の小売業とメーカーにおけるPB開発の課題と今後の展望について検討する。

　2008年以降の世界同時不況の影響による原材料価格高騰の煽りを受けて、メーカーは相次いでNBの値上げに踏み切った。それに即応して小売企業各社は割安感を訴求するPBの拡充に努め、これが消費者に広く受け入れられた。歴史的に不況期にPBが注目を集めてきた経緯があるが、昨今のPBブームも景気低調の中での当然の帰結である。しかし過去のPBブームと決定的に違うのは、小売各社がPBを低価格商材としてのみ扱うのではなく、むしろ戦略商品との位置づけを明確に打ち出していることにあるだろう。PBの戦略商品とは、単なる価格の安さに魅力を求めるだけでなく、質的側面での高度化を図るために商品のトレーサビリティを構築し、安心・安全を実現するための高い品質基準を設定するなどの諸方策に取り組む商品である。また、企業コンセプトを体現し、こだわりある付加価値提案型商品などがそれである。要は、小売業は従来のNB中心的な品揃えの商品構成から脱却するために単なる低価格商品としてのPBだけではなく、製品多様化、差別化の手段としてPBを捉える企業が増えてきたのである。無論、PBの本来的性格からNBよりも低価格であることを重視するPBがいまだ多くを占めるが、単なる価格による差別化商品ではなく、いかに付加価値をPBに組み込んでいくかに小売業の関心が広がりつつあることは間違いない。ただし、製品多様

化の一環としてPBのフルライン化を実現している企業はいまのところイオンやシージーシージャパンなど大手小売業に限られる。例えば、イオンでは基軸ブランドとなる「トップバリュ」、付加価値提案型の「セレクト」、圧倒的な低価格を実現する「ベストプライス」の３層のPBに加え、地球環境に配慮した「共環宣言」、健康志向の「ヘルシーアイ」、簡単調理で家庭の味を楽しめる「レディーミール」、農薬や化学肥料、合成添加物などの使用を抑えた「グリーンアイ」などのサブブランドを加え７つのPBを展開している。このように多様な付加価値を求めて多層的なブランド構築を進めている。その他、付加価値型PBの展開方向として、フェアトレードPB[14]や地産池消PB、子供向けPBなどがあげられる。

　実態調査からも明らかなように、今後のPBの展開について付加価値型PBへの取り組みやPB開発への今後の意向について積極的姿勢を示す中、PBの量的発展にはやや慎重な意見がある。例えば、小売店頭においてPBが棚を占める状況では消費者のバラエティ・シーキングの幅を狭め消費者ニーズを満足させることが限定的となるうえ、食品ブランド志向の強い日本の消費市場特性はPB拡大にとってはむしろ制約条件となりうることからPBの拡大には限界がある[15]との指摘がある。また、PBとNBとの関係は、品揃えにおける相互補完関係にすぎず、そうであるならば、小売業が重視しなければならないのは消費者が選択しうるPBとNBとの最適ミックスの模索であり、適切な商品構成だろう。

　一方、メーカーのPB供給対応について目を向けると、小売のPBへの関心の高さと相反し、その対応は冷静である。PB供給対応は工場稼働率の向上や安定的販路の確保などのメリットをもたらす半面、PBの低収益構造やPB対応することによる自社ブランドの価値の喪失、原価表や製造工程表などメーカーにとっての核心的な部分の情報開示を要求されるなどといったデメリットもあって比較的慎重な対応をとる企業が多い。しかし、中堅以下のメーカーの多くはPB供給要請を経営上の理由から避けられない場合も少なくない。PBが低価格を企図した商品という段階では、PB供給対応企業は

中堅以下の企業が中心となって行われてきたが、付加価値型 PB の進展により状況が変わりつつある。これまで PB に消極的だった大手食品メーカーが PB の受託製造を開始するなど、NB の売上を維持・拡大するうえでも PB 戦略の見直し[16]がされはじめたことで、メーカー間の競争、とりわけ大手メーカーと中堅以下のメーカーの対立の構図がますます激化していくことになろう。NB で競争力を持たないメーカーの生き残り策として、今後は欧米などのように PB 専業メーカー[17]として活路を見出すメーカーも出てくることはそう遠い将来ではないかもしれない。

注

(1) 経済産業省「平成 19 年商業統計調査」を参照。
(2) 日経 MJ（日経流通新聞）が公表する 2008 年のヒット商品番付では、「セブンプレミアム」「トップバリュ」が（西）横綱として掲載されるなど、消費者の PB への関心の高さがうかがえる。
(3) 2009 年度の PB 売上高は 2008 年度比 2 割増の 4500 億円となったが目標に 2 割届かず、2010 年度に 7500 億円としていた目標到達も 1 年遅れる見通しである。『日経 MJ 新聞』2010 年 3 月 10 日付、5 面。
(4) コンビニエンスストアとメーカーにおける PB 商品開発の実態分析を試みた好著に、尾崎久仁博『流通パートナーシップ論』中央経済社、1998 年がある。
(5) 平成 21 年に農林水産省総合食料局補助事業として、社団法人食品需給研究センターがアンケートやヒアリングを通じて得られた回答データを取りまとめた調査報告書である。本章では、この調査報告書がわが国の PB 開発の実態と課題を検討するための中心資料となる。http://www.fmric.or.jp/management/index.html
(6) その他、PB の端緒をめぐっては諸説ある。例えば、1959 年に大丸百貨店が「トロージャン」ブランドで同店のオリジナルスーツを販売したことが端緒と指摘される場合もあるなど端緒をめぐっては議論の余地があろう。しかし、厳密な意味で PB を捉えるならば、小売業者が自らの品揃えのために原始的に商品生産に携わって商品をつくっていた場合にも PB ということに含まれることになるため、PB 開発の端緒を見出す作業はきわめて困難を伴うことはいうまでもない。
(7) Jefferys, J., "Retail Trading in Britain : 1850-1950", University Press Cambridge, 1954. に詳しい。
(8) マークス・アンド・スペンサーの PB 発展過程については戸田（2008）を参照されたい。
(9) 堀（2007）。
(10) 木立（2010、142 頁）。

(11) 菊池（2010、164 頁）。
(12) Burt & Sparks（2002, p.198）.
(13) 木立（2010、141 頁）。
(14) イオンでは、2004 年からコーヒーのフェアトレード認証商品を「トップバリュ」ブランドで販売を開始しており、2010 年 11 月からはチョコレートのフェアトレード PB の販売も開始している。
(15) 中村博「プライベート・ブランドの成長戦略」『流通情報』流通経済研究所 2009 年 1 月号に詳しい。
(16) 大塚寛之「PB 戦略の見直しに動き出す大手食品メーカー」『2009 年度業界見通し』三菱東京 UFJ 銀行、2009 年。
(17) 『日経 MJ 新聞』2010 年 10 月 9 日付参照。

引用・参考文献

Burt, S., "Retailer brands in British grocery retailing : A review", *Research Papers in Retailing*, working paper 9204, 1995.

Burt, S., "The strategic role of retail brands in Britain grocery retailing", *European Journal of Marketing*, Vol. 34, No. 8, pp. 875-890, 2000.

Burt, S. & Sparks, L., "Corporate branding, retailing, and retail internationalization", *Corporate Reputation Review*, 5 (2/3), pp. 194-212, 2002.

Hoch, S. J. & Benerji, S., "When Do Private Labels Succeed?", *Sloan Management Review*, Summer, pp. 57-67, 1993.

Laaksonen, H. & Reynolds, J., "Own brands in food retailing across Europe", *Journal of Brand Management*, Vol. 2, No. 1, pp. 37-46, 1994.

McGoldrick, P. J., "Grocery generics - An extension of the private label concept", *European Journal of Marketing*, Vol. 18, No. 1, pp. 5-24, 1984.

Martenson, R., "The role of brands in European Marketing", *Journal of Brand Management*, Vol. 2, No. 4, pp. 243-251, 1995.

Quelch, J. A. & Harding, D., "Brands versus private labels : fighting to win", *Harvard Business Review*, January-February, pp. 99-109, 1996.

Samways, A., "Private label in Europe : prospects and opportunities for fmcg retailers", *A Financial Times Management Report*, Pearson Professional, 1995.

Shaw, S. A., Dawson, J. A. & Blair, L. M. A., "The sourcing of retailer brands food products by a UK retailer", *Journal of Marketing Management*, Vol. 8, pp. 127-146, 1992.

岡聰「商品戦争に巻き込まれぬ生き残り策を」『AFC フォーラム』2009 年 12 月号、7-10 頁

加藤司・崔相鐵「進化する日本の流通システム」『流通チャネルの再編』中央経済社、2009 年

菊池宏之「小売業における PB 商品取扱の現状と成果並びに課題」『食品企業財務動

向調査報告書―食品企業における PB 取組の現状と課題―』社団法人食品需給研究センター、161-168 頁、2010 年

木立真直「日本における PB の展開方向と食品メーカーの対応」『食品企業財務動向調査報告書―食品企業における PB 取組の現状と課題―』社団法人食品需給研究センター、140-151 頁、2010 年

JETRO「平成 19 年度　食品産業国際化可能性調査　英国市場への参入情報集」日本貿易振興機構、2008 年 2 月

芝﨑希美夫「PB 食品の進展と食品メーカーの課題」『食品企業財務動向調査報告書―食品企業における PB 取組の現状と課題―』社団法人食品需給研究センター、169-175 頁、2010 年

『食品企業財務動向調査報告書―食品企業における PB 取組の現状と課題―』社団法人食品需給研究センター、2010 年

堂野崎衛「プライベート・ブランドの発展と動因」経済学・商学研究科篇『中央大学大学院論究』Vol. 35、No. 1、157-178 頁、2003 年

堂野崎衛「イギリス食品小売業によるプライベート・ブランド商品戦略―イギリス競争委員会の報告書を中心として―」商学研究科篇『大学院研究年報』第 33 号、13-28 頁、2004 年

戸田裕美子「ブランド管理論への一考察―マークス＆スペンサー社の PB 戦略を中心として―」『三田商学研究』第 51 巻、第 4 号、209-224 頁、2008 年

『日経 MJ 新聞』日本経済新聞社、2009 年 9 月 16 日付

『日経 MJ 新聞』日本経済新聞社、2010 年 3 月 10 日付

『日経 MJ 新聞』日本経済新聞社、2010 年 10 月 9 日付

根本重之『プライベート・ブランド―NB と PB の競争戦略―』中央経済社、1995 年

野口智雄「何が PB 食品ブームをもたらしたか」『AFC フォーラム』2009 年 12 月号、3-6 頁

ブレンダ・スタンクィスト著、若林靖永・崔容熏他訳『変わる世界の小売業―ローカルからグローバルへ―』新評論、2009 年

堀千珠「注目される特定小売業限定品の拡大とメーカーへの影響」Mizuho Industry Focus、Vol. 60、2007 年 9 月 6 日

矢作敏行編著『欧州の小売りイノベーション』白桃書房、2000 年

第5章

日系多国籍企業の国際人的資源管理
——在中国内陸部日系企業の事例分析

1　はじめに

　本章の目的は、国際人的資源管理（IHRM：International Human Resource Management）の観点から、在中国内陸部日系多国籍企業の事例分析を通して、日系企業の国際人的資源管理の現状、特徴および問題点を浮き彫りにし、今後の課題や変化の可能性を検討することにある。中国沿海部に比べ、内陸部日系多国籍企業の国際人的資源管理に関する研究の蓄積は少なく、特に企業の第3国籍人材活用の実態は必ずしも明らかにされていない。本章では国際人的資源管理の定義、多国籍企業の人的資源管理の特徴などを整理したうえで、現地日本人経営幹部への聞き取り調査の結果を踏まえ、在中国内陸部日系企業の国際人的資源管理の一端を明らかにしたい。本章で取り上げた調査対象企業は2社という少数にとどまり、定量的な分析は不可能であり、定性的な分析とならざるを得ない。しかし量的調査では突き止められない個別の実態を探るためにはヒアリング調査が有効であると考え、ここから得られた「生きた情報」に対する検証を今後の研究を発展させるための1つの手掛かりにしたい。

2　国際人的資源管理の定義

テイラー（S. Taylor）などによれば、国際人的資源管理とは多国籍企業[1]の人的資源管理のことであり、そして、多国籍企業の国際人的資源管理システムとは、人的資源を採用・育成し、維持するための、多国籍企業によるさまざまな活動、機能およびプロセスである[2]。また、多国籍企業人的資源管理の特徴について、シュラー（S. Schuler）などによれば、多国籍内部の人的資源には、人材の国籍から次の3グループが含まれている。すなわち、①本国籍人材（PCNs：Parent-Country Nationals）、②現地国籍人材（HCNs：Host-Country Nationals）、③そのどちらにも属さない第3国籍人材（TCNs：Third-Country Nationals）である。これらの異なる国籍の人的資源をいかに調和し、有効に活用するかが重要な問題となる。伝統的には多国籍企業は、本社（home office）の方針や諸手続きを確実に海外事業において実行させるために、本国籍人材（PCNs）、または海外駐在員を派遣してきた。しかし、経費削減の必要性や海外駐在のキャリア形成としての魅力が薄れることを背景に、多国籍企業は国際的人材のニーズに応えるため、第3国籍人材（TCNs）、および現地国籍人材（HCNs）の活用へ転換しはじめた[3]。

多国籍人的資源管理に関連する研究において、例えば、多国籍内部労働市場の視点からは白木三秀の研究、また日本多国籍企業のホワイトカラー人材マネジメントの視点からは石田英夫の研究がある。

白木によれば、「多国籍内部労働市場」とは、「多国籍企業グループ間における人の移動、つまり、親会社・子会社間での人の移動ならびに子会社・子会社間での人の移動」であり、「これらの移動を多国籍から成る人材移動で、また、それが1つの内部労働市場を形成しているという意味で、『多国籍内部労働市場』と名づけ、……（これを）研究の枠組みとしたい」としている。その場合、多国籍企業の人的資源管理の二元性があり、一方では、本国だけでなく、グローバルに展開する各拠点において、人材の採用、育成、活用が

可能であるという強みを持っていると同時に、他方では、本国籍人材と現地国籍人材登用のバランスが難しく、そのどちらに傾いても、ローカル・スタッフの採用、育成、延いては企業業績にマイナスの影響が出る恐れがあると白木は指摘している[4]。

一方、石田によれば、海外の日本企業は工場の労務管理では一般に成功を収めているが、ホワイトカラーやマネジャーの人材管理（上級人材の採用・動機づけ・定着・確保）では概して成功していない。その根本的な原因の1つは欧米企業に比べ、日本企業のマネジメントの現地化が遅れていることにあると主張した。海外の日本企業はトップ・マネジメントだけでなく、キー・ポストも日本人が独占しているため、管理組織が人材の「二重構造」の様相を呈している。その結果、現地の優秀な人材に敬遠され、また入社しても定着せず、短期間に退社してしまうために、人件費コストの高い日本人駐在員を増やさざるを得ないという悪循環に陥っている。石田はこの「二重構造」を解消しない限り、世界から人材を集めることが難しいと強調した[5]。

本章では以上の研究を踏まえて、筆者独自の調査結果に基づいて在中国内陸部日系企業の事例分析を行い、これを通じて日系多国籍企業の人材活用の実態を少しでも解明していきたい。

3　在中国内陸部日系企業の事例分析

以上で述べた国際人的資源管理の理論的枠組みに照らしながら、在中国内陸部日系企業に対する実地調査の結果を踏まえ、日系企業の人的資源管理の実態をみていきたい。今回の調査対象企業は、陝西省西安市に進出している日系製造業企業A社、B社である。調査方法は日本人経営幹部（A社は経営本部長、B社は財務部長）に対する聞き取り調査であり、時期は2009年12月である。以下では両社の企業概要、中国内陸部進出のきっかけ、進出の目的を概観したうえで、国際人的資源管理の観点から、両社の経営組織、日本人派遣要員の属性・職位、マネジメントの現地化についての考え方、グループ

内人材移動の実態、現地国籍人材（HCNs）、第3国籍人材（TCNs）の活用状況などを分析し、若干のコメントを加えることにする。両社は企業規模や上述の多国籍企業の定義からすれば、いずれも典型的な日系多国籍企業であり、西安進出を果たしてから、安定的なオペレーションと積極的な社会貢献活動で地域社会に高く評価されている外資系優良企業である。

質問項目は両社に共通するものであり、内容は次のようになっていた。
① 調査対象企業の概要
② 経営組織と現地化について
③ 国際人的資源の活用について
④ 人的資源管理の課題

3-1 調査対象企業の概要

(1) A 社

A社は機械関連製造業企業であり、空調設備、主にコンプレッサーの製造、販売を行っている。日本本社も同じ業種に属しており、本社の従業員数は約6200人（2010年2月現在）。グループの海外生産・販売拠点数は計67（内訳はヨーロッパ18、アフリカ1、アジア36、オセアニア1、南北アメリカ11）となっている。

1996年8月西安現地法人を設立し、同年操業開始した。設立方法は中国の国営企業との折半出資による合弁会社で、資本金は3228万ドルであった。設立当初は赤字経営を余儀なくされたが、近年は黒字経営に転換し、2008、2009年度の売上高はいずれも5億元（約75億円、2009年現在）に達した。売上高の約13％にあたる製品は東南アジアに輸出している（主としてタイにあるグループ企業にコンプレッサーを供給している）が、残りの製品はすべて中国国内で販売しており、日本への輸出は行っていない。西安現地法人の従業員数は900人（日本人を含まない）、うち正社員508人（全従業員数の56.4％）、臨時工392人（同43.6％）であり、男女別では男性77.3％、女性22.7％となっている。労働組合（工会）の組織率は100％であるが、組合員は正社員に限定し、臨時工は加入していない。同社の生産は季節性が強いので、余剰労働力が生じた場

合に臨時工の増減で調整している。労使双方は良好な協力関係を保っているという。

西安進出は合弁相手が西安の地元企業であることがきっかけだが、それに先駆けて上海の空調メーカーと合弁会社をつくり、大型空調機の生産を行っていた。そして、その後小型空調機（ルーム・クーラー）も製造しようと考え、そのための合弁相手をリサーチしたところ、西安の国営企業である現在のパートナーが紹介された。言い換えれば、西安にきたのは結果であり、内陸部という地域を選んできたわけではない。しかし、西安に進出してから、さまざまな経営上の利点があることが判明した。例えば、良質で低廉な労働力が確保できることについて、これは当初でも分かっていたことだが、10年以上経過した現在においても基本的には変化がみられない。西安は北京、上海に次ぐ大学数を誇っており、特に理工系の人材が非常に豊富である。また、これまで国家レベルの優遇政策（全国共通の外資誘致政策や西部大開発政策）、現地政府レベルの優遇政策（優秀な外資系企業に対する「奨励金」などの支給）を十分に享受してきており、現在においても一部ではあるが優遇政策の恩恵を受けている。さらに、西安はかつて「三線建設」（1960～70年代）地域に属し、軍事工業が発達していたため、技術を受け入れ、消化するだけの基盤ができている。これは技術を伝授する側にとって非常に重要なことだと認識している。

(2) B 社

B社は精密機械製造業企業であり、工業用ミシン、工作機械などの製造を行っている。日本本社も同じ業種で、本社の従業員数は3350人である（2010年2月現在）。グループの海外生産・販売拠点数は計62（内訳はヨーロッパ・アフリカ・中近東31、アジア・オセアニア22、南北アメリカ9）となっている。

西安現地法人を設立したのは2001年8月、同年操業開始した。設立方法は独資（西安の日系独資企業第1号）、資本金は2750万ドル。B社も黒字経営に成功し、売上高は2008年度3億3500万元（約50億円）、2009年度4億4000万元（約66億円）に達している。製品の60％は中国沿海部の広東省、浙江省、

江蘇省で販売されているが、B社は独自の営業・販売部門を保有していないため、グループ内の販売会社に委ねている。残りの40%はバングラデシュ、インド、スリランカ、トルコなどに輸出している。これらの国々の縫製工場でB社の機械が使われ、欧米向け輸出用衣料の生産が行われている。西安現地法人の従業員数は正社員255人、派遣社員27人、計282人である（日本人を含まない）。従業員の平均年齢は25歳、男女別では男性67%、女性33%となっている。従業員の平均勤続年数は間接部門4～5年、生産ライン2～3年だが、これが平均年齢の若さに関連していると考えられる。学歴は経営学修士（MBA）の2人を含めて、大卒以上26人、9.2%を占めている。B社にも組織率100%の労働組合はあるが、労使関係はきわめて良好であるという。

　西安現地法人は西安工場の他に、山東省淄博（ズーボ）にある製造工場を管理している。淄博工場では世界のトップレベルの技術を駆使して工作機械の製造を行っているが、工場運営は日本人管理者（部長）と台湾人管理者（副部長）の2人に委任しており、2人とも現地採用であるため、日本本社ではなく、B社と直接雇用契約を結んでいる。

　西安の独資会社に先駆けて、B社の日本本社は西安の国営企業と合弁会社を設立したが、これがB社の西安進出のきっかけとなった（合弁会社は独資会社と併存していた後、2009年3月、中国側が所有株式をB社に譲渡したため、合弁会社が独資会社に形態変更し、B社の管轄下に置かれた）。この他に西安政府の誘致政策も大きな誘因となった。経営上の利点としては、①低廉な労働力の確保、②優秀な人材の獲得、③法人税などの優遇政策があげられるが、③については2010年には西部大開発政策の実行期間が終了するので、これまでのようなメリットが徐々になくなると考えている。ただし、現在、内陸部進出企業に対する優遇措置は「ハイテク企業認定制度」に切り替えつつあり、B社もハイテク企業の認定を申請している。認可されれば、2012年まで法人税は15%の税率で適用されるという。

3-2 経営組織と現地化について

　一般的には海外企業の現地化の程度をみるために、本社からの海外要員派遣者数と管理組織における本国籍人材（PCNs）の職位の所在を確認するのがメルクマールとされているが、本章においても両社の日本人派遣者数およびその職位を検証することによって、両社の現地化問題を考えてみたい。

(1) Ａ　　社

　図5-1はＡ社の経営組織図であるが、これをみれば分かるように、日本人管理者は3名、現地人管理者は15名となっている。従業員900人規模の

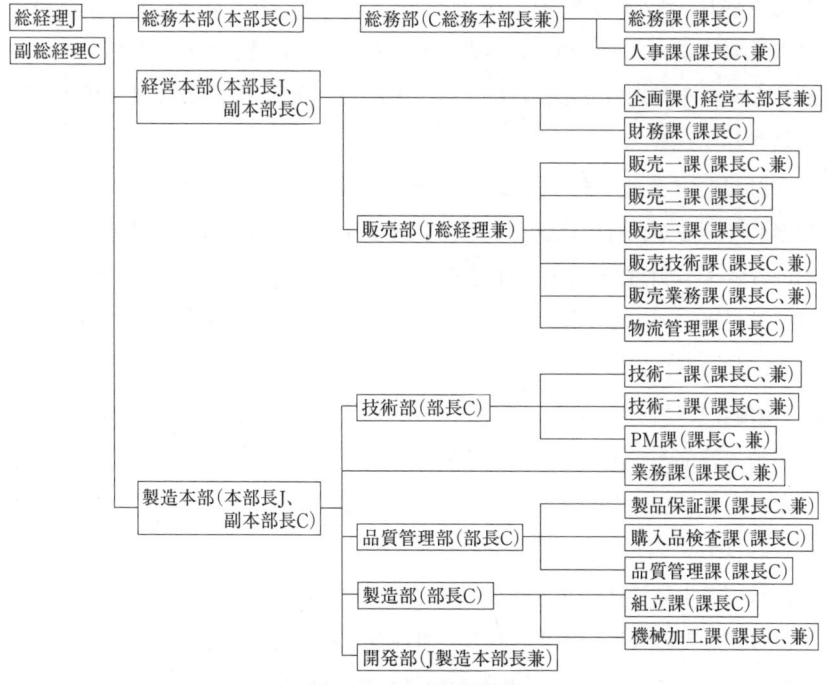

```
総経理J          総務本部(本部長C)──総務部(C総務本部長兼)─┬─総務課(課長C)
副総経理C                                                   └─人事課(課長C,兼)
        ├─経営本部(本部長J、──┬─企画課(J経営本部長兼)
        │   副本部長C)        ├─財務課(課長C)
        │                    └─販売部(J総経理兼)─┬─販売一課(課長C,兼)
        │                                        ├─販売二課(課長C)
        │                                        ├─販売三課(課長C)
        │                                        ├─販売技術課(課長C,兼)
        │                                        ├─販売業務課(課長C,兼)
        │                                        └─物流管理課(課長C)
        └─製造本部(本部長J、──┬─技術部(部長C)─┬─技術一課(課長C,兼)
            副本部長C)         │                ├─技術二課(課長C,兼)
                              │                ├─PM課(課長C,兼)
                              │                └─業務課(課長C,兼)
                              ├─品質管理部(部長C)─┬─製品保証課(課長C,兼)
                              │                   ├─購入品検査課(課長C)
                              │                   └─品質管理課(課長C)
                              ├─製造部(部長C)─┬─組立課(課長C)
                              │                └─機械加工課(課長C,兼)
                              └─開発部(J製造本部長兼)
```

図5-1　Ａ社経営組織図
出典：Ａ社資料により作成（Ｊは日本国籍、Ｃは中国国籍管理者を示す）

日系企業ということを考えれば、日本人駐在員数は決して多くはないが、A社は合弁企業であり、合弁協議書では双方のシニア・マネジャー数は4人以下と規定しているため、日本人の駐在は「少数精鋭」とならざるを得ない事情がある。ただ双方に意見の不一致が生じ、表決に持ち込まれる場合は、本社から日本人をもう1名派遣できることになっている。日本人が派遣される主な理由は、①日本本社の経営理念・経営手法を浸透させる必要があるから、②日本からの技術移転が必要だから、③日本人従業員にキャリアを積ませる必要があるから、の3点があげられている。

　3名の日本人管理者はそれぞれ総経理（50代男性、大卒、西安勤務5年。専門はコンプレッサーの設計と品質管理、語学力について英語は堪能だが、中国語は通訳が必要である。外国勤務は西安がはじめての経験である）、経営本部長（西安勤務7年）、製造本部長（西安勤務10年）の職位に就いており、少人数ではあるが、いずれも重要なポストを占め、日本人主導のもとで会社運営が行われていることが分かる。それ以外では、ほぼすべての部長、課長ポストが現地の中国人へ委譲されている。

　A社は合弁会社であるため、中国側は副総経理、取締役などの職位に配置されているが、実際は総務・労務管理を除いて、技術開発、製造、販売におけるすべての権限を日本人管理者が握っており、中国人シニア・マネジャーは経営について一切干渉しないことになっているため、会社運営に関しては独資経営の形に近いとされている。

　「現地化とは何か」という質問に対して、現地化とは経営の意思決定過程に現地人幹部が参画することであり、トップ経営者が現地人であるかどうか、または現地に合った経営システムであるかどうかは重要ではないと答えたが、できればトップ・マネジメントは日本人の方がいいと付け加えた。その理由は、日本の生産管理、品質管理が厳しいので、現地人のトップ・マネジメントが日本本社の要求に応えられない可能性があり、また日本本社とのコミュニケーションもスムーズにとれない恐れがあるからである。だが、A社は合弁企業の性質上、日本人派遣者数が大きく制限された結果、多くの現地人

が部長・課長クラスのポストに就くことができた。これは今後10年、数十年のスパンで考えれば、トップ管理者、中間管理者のすべてが現地人、または第3国籍人材によって担われる可能性が十分にある。

(2) B　　社

図5-2はB社の経営組織図であるが、日系独資会社ということもあって、日本人派遣者数はA社をはるかに上回っており、従業員規模(255人)からみても多人数であろう。B社では課長クラス以上が管理者とみなされているが、管理者の国籍別構成をみると、日本人(PCNs)は総経理1名、副総経理1名、部長9名（財務兼行政部長1名、製造部長5名、その他3名）、合計11名の布陣となっており、重要ポストのほとんどを日本人が占めている。現地人(HCNs)は副部長3名、課長1名、副課長5名、計9名である。第3国籍人(TCNs)、すなわちナショナル・スタッフは1名で、副部長を務めている。中間管理職以外では現場監督者34名、間接部門8名、合計42名はすべて現地人が担っている。トップ・マネジメント（総経理）は50代の男性で、専門分

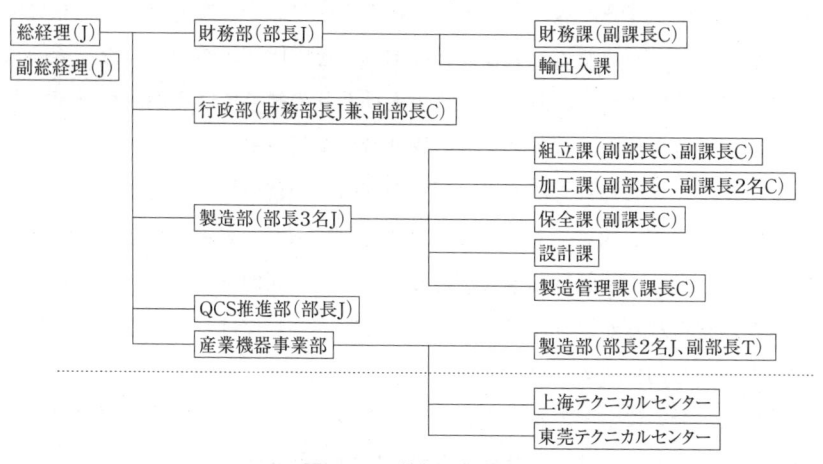

図5-2　B社経営組織図

注：製造部では加工・保全担当部長、組立担当部長、製造管理担当部長の他、産業機器事業部所属の部長2名を含めて、計5名体制となっている。
出典：同社資料により作成（Jは日本国籍、Cは中国国籍、Tは台湾籍管理者を示す）

野は設計、語学力について英語は読み書きが可能だが、中国語は現地に赴任して2ヶ月しか経っていないこともあって、ほとんどできない。西安ははじめての海外勤務である。

　B社の日本人経営幹部（部長）は同社の日本人が多いことを認めたうえで、日本人を必要とする理由について次のように述べた。1つめは、日本本社は従業員との割合ではなく、機能上の必要度に応じて駐在員を派遣しているため、当然、他社に比べて従業員に占める日本人の比率が高くなる。例えば、日系M社では400：1となるように、従業員に対する割合を考えて日本人駐在員数を決めているようだが、弊社の基本方針としては、マネジメント上の機能や人材の必要度に応じて駐在員を派遣している。財務、人事、行政、開発・設計、製造、品質管理など、すべてのカナメとなる部門について、必要があれば日本人社員を配置するようにしている。これは西安拠点創立以来の方針であり、現在も継続されている。グループ内の1企業単体でみれば、西安の日本人駐在員が最も多い。2つめの理由は、独資会社に先駆けて設立された合弁会社（日本側出資60％、中国側40％）の苦い教訓があるからである。合弁会社にはさまざまな問題があり、経営効率は悪かった。日本人駐在員は2人しかいなかったため、会社運営のすべてを中国側に委ねていた。その結果、財務指標は曖昧であり、従業員1人ひとりの給与でさえ明示されていなかった。当時の部長、課長クラスの管理者は全員ローカル・スタッフであったが、マインドも経営方法も、中国式のものしか持っていないように思われる。2009年3月、合弁会社の中国側持株を買い取り、日系独資会社にしたが、今後の最も大きな課題は日本人が合弁会社時代の問題を解決し、日本式経営に切り替えられるかどうかである。ただし、注意しなければならないのは、日本人が一方的に決めつけるのではなく、（旧合弁・独資双方の）中国人管理者同士の話し合いによってルールを決め、そのルールに則って会社運営することであり、日本人は彼らをサポートすればいいと考えている。

　日本人が派遣される理由については、取締役の場合は①日本本社の経営理念・経営手法を浸透させる必要があるから、②日本からの技術移転が必要だ

から、③日本本社との調整が必要だから、としているが、中間管理者の場合は、以上の他に、④日本人従業員にキャリアを積ませる必要があるから、⑤現地従業員が十分育成されていないから、の2点を付け加えて5点をあげている。

「経営の現地化」とは何かとの質問に対して、経営の意思決定過程に現地人幹部が参画することこそ本当の現地化であり、日本人が社長かどうかは重要ではないと答えた。また、今後は日本人派遣者を減少していく可能性があるかとの質問に対して、次のように述べた。今後はおそらく日本人派遣者を減らす方向へ向かっていくと考える。いまは現地人だけではまだ不安要素があるので、日本人が必要だが、現地人管理者は経営の意思決定ができるようになれば、日本人を駐在させる必要はなくなるだろう。そうなった場合、中国人経営者は日本本社との調整や意思疎通ができるかどうかが1つのポイントとなる。

(3) ま と め

経営の現地化の推進はなぜ必要なのか。石田によれば、第1に、現地化は多国籍企業の現地適応のシンボルとされ、現地適応しない企業は現地の反感を招きやすい。第2に、日本人が要職を独占しているような企業は昇進の可能性が乏しいので、現地の優秀な人材を引きつけることができないし、たまに人材が入ってきても辞めてしまう。第3に、日本人派遣者の人件費コストが高いという経済的必要性があるとしている。そして、日本人が要職を占めることによって、社内に日本人支配体制ができてしまい、人材の「二重構造」が生じる。そうした構造のもとで日本人派遣者は日本本社に強い一体感を持つが、海外拠点内の現地人スタッフとの統合は弱い。ローカルの管理者人材はキー・ポストに就けず、権限も与えてもらえないため、モチベーションが低下し、やがて退社してしまう。しかし、厳しい競争に勝ち抜くためには、やはり日本人主導ではなく、現地の優秀な人材を含めたナショナル・スタッフを引きつけ、動機づけ、彼らを基幹人材に組み入れ、人の現地化を実

現する必要がある[6]。

確かに日系企業は優秀な人材を採用し、そのモチベーションを維持するためには、彼らに対して給与の引き上げ、迅速な昇進、権限の付与が不可欠であり、限られた人件費とキー・ポストを考えれば、日本人派遣者の削減が前提とならざるを得ないだろう。また、重要な職位を日本人が占めている日本人支配体制のもとでは、現地および第3国籍人材を引きつけることができないため、海外拠点の経営は高コスト負担を抱える日本人支配体制からいつまで経っても脱却できない、いわば負のスパイラルに陥る恐れがある。

今回の調査対象企業に関しては、両社はいずれも日本人駐在員がトップ経営者およびキー・ポストを占めており、特にB社の場合は人材の「二重構造」に類似した組織構造を持っているといえる。ただし、こうした経営組織の「二重構造」状態は、ただちに日本人駐在員と現地人スタッフとの「対立・分裂状態」を意味するものかといえば、必ずしもそうではないと感じている。現地の優秀な人材のやる気を引き出すためには、給与の引き上げや迅速な昇進が重要ではあるが、すべてではない。日本人駐在員の優れたコミュニケーション能力によって、現地スタッフとの心の交流を図り、真の信頼関係を築くことができれば、現地人のモチベーションにプラスの影響を与えることができよう。実際、インタビューに答えてくれた日本人部長は、赴任してからの2年の間に独学で中国語をマスターし、筆者の前で流暢な中国語で現地人スタッフと会話していた。日本人駐在員のこうした地道な努力は現地従業員との心理的距離を縮め、経営理念の共有や会社への忠誠心を醸成する効果をもたらすことができる。もちろん、B社の駐在員数は人件費コストの面から考えても調整する必要があり、そのためには、早急に現地国籍人材（HCNs）および第3国籍人材（TCNs）の採用、育成、定着のためのシステムを構築していくことが重要である。

3-3 国際人的資源の活用について

⑴ Ａ　　社

　一言でいえば、これまでは短期の出張を除いて、日本人派遣者および現地人管理者は第３国への人事異動もなければ、第３国籍人材（TCNs）を採用する経験もなかった。聞き取り調査によれば、海外拠点の人事権はすべて日本本社にあり、現地法人間の人員のやりとりはしないことになっている。余剰人員が生じていれば、日本本社に帰任させ、また人員不足になれば、本社から派遣する仕組みになっている。海外駐在員の人事権・任命権は地域センター（中国の場合はオールチャイナ）ではなく、すべて日本本社にあるため、本社を経由しない海外拠点間の人員の交流も人の移動もできない。これは上述した白木の「多国籍内部労働市場」の定義からすれば、多国籍企業グループ間における「親会社・子会社間での人の移動」があるものの、「子会社・子会社間での人の移動」が行われていないため、「多国籍内部労働市場」が成り立っていないことになり、多国籍人的資源の活用も当然できないと考えられる。

　人事異動ではないが、Ａ社を含めて中国各地にある拠点間での人的交流が行われている。例えば、Ａ社グループオールチャイナの連携によって環境プロジェクトに取り込んだり、共同で「社内報」を発行したり、勉強会を開いたりしている。しかし、これは日本人を中心とするグループ内の情報交換にとどまり、現地人が参加した人材交流活動とはいえない。

　昇進については、たとえ優秀な人材であっても、現地人の役員への昇進はできない（現地人昇進の最高ポストは部長クラス）。なぜなら、合弁協議書では中国側の役員数が２名と決まっており、それ以上は選出できないからである。

　Ａ社では大卒の新規定期採用はしていない。人員不足が生じた際に中途採用によって補充し、退職者の穴埋めをしてきたが、もう限界にきているという。現状では３年後ないし５年後のビジョンが描けないので、定期採用を早期に実施したいとしている。ただし、大卒者を幹部候補として育成し、会社経営に携わらせる考えは現時点ではないという。

第５章　日系多国籍企業の国際人的資源管理　87

⑵　B　　社

　B社はA社同様、世界各拠点の人事権は日本本社にあり、グループ企業間での人員のやりとりや移動はできない。これまで日本人および現地の優秀な人材が第3国へ転職したり、逆に第3国籍人材が本社から派遣されてきたりするケースは皆無であるが、将来的には海外拠点間での人材の移動が可能となるのではないかと同社幹部が推測している。B社は本社派遣（本社経由）ではないものの、現地採用の形で第3国籍人材を登用しており、国際人的資源管理の観点からみれば、非常に興味深い事例である。

　B社に採用されたのは台湾籍を持つ技術者で、グループの台湾拠点で勤務していたが、退職後B社に採用された。現在は副部長として淄博工場に派遣され、現場の責任者を務めている。この他にはB社（西安）で定年退職を迎えた日本人が再雇用され、彼は部長として工場管理の現場で活躍している。この2人のケースは今後、さらに他の海外拠点に波及し、また退職後ではなく、若手のコア人材、ハイ・ポテンシャル人材の国際間移動が増えれば、「日本人でも現地社員でもない第3国社員（TCNs）という人的資源は日本企業では未知の概念である」[7]状況も徐々に変わるのではないかと考える。

　同社ではいま、中国人管理者の最高職位は副部長であるが、今後は部長になるように中国人人材を育成しようと考えている。また同社は創立当初、中国人研修生を30名程日本本社に送り、半年の研修を実施した後にミシンの国家試験（日本）も受けさせた経験がある。その後、日本におけるQC世界大会に参加させる以外は日本へ派遣する機会がなくなり、長期研修も中止となったが、2010年より再開している。この研修計画は将来、会社経営を担う中国人コア人材を日本本社に1～2年間派遣し、技術についても日本語についても、高いレベルの勉強をさせるためのものだが、有能な中国人スタッフにとって魅力的なものになるはずであり、彼らの働く意欲を刺激するものとして、日本人管理者の期待も高まっているという。

　同社の日本人派遣者と現地の中国人スタッフとのコミュニケーションが非常にスムーズであり、良好な信頼関係を築いているようだ。社内共通語は中

国語だが、毎日開く品質会議は日本語で行われている。最初は日本語の分からない担当者もいたが、いまは理解できるようになった。社内使用言語はきわめてフレキシビリティーに富み、部門によって使い分ける場合もある。例えば、品質管理部門は日本語、財務部門は中国語、営業部門は英語、などのように複数の言語を通じてコミュニケーションを図っている。日本人派遣者ではまれなケースかもしれないが、2年間駐在して、上級中国語をマスターした日本人幹部もいることはすでに述べたとおりである。

(3) ま と め

　人的資源管理における多国籍企業の優位性は、国籍を超えた人材活用システムの構築ができることにあるとみられている。白木三秀は人材活用システムの比較研究を行い、在アセアン欧米多国籍企業の国際人的資源管理についての調査（1999年）結果を踏まえ、日本企業への示唆として有益なコメントを残しているが、筆者は特にその中の2点に注目したい。すなわち、①人材の現地化について、欧米企業のトップ・マネジメントの国籍は現地国籍人材と外国からの派遣者がほぼ半々で、それ以外の派遣者の国籍構成は文字どおり多国籍となっており、第3国籍人材の育成と活用が進んでいる。これに対して日系企業は基本的に少数の日本人派遣者と多数の現地国籍人材から構成される「二国籍企業」にとどまっており、欧米企業との差が大きい。②日本の現地法人の最大の問題は派遣者とローカル・スタッフ間のコミュニケーション問題であるが、欧米企業ではこの問題は基本的には存在しない。その原因は両者の語学力の差にあるので、日本人派遣者の語学力の向上が急がれる[8]。

　トップ・マネジメントの国籍について、今回の調査対象企業はいずれも社長の国籍を問題視しておらず、マネジメントの現地化や優秀な人材の活用と、トップ経営者の国籍との関連性を否認している。一方、海外拠点のコミュニケーションに関しては、全体的にいえば、日本人派遣者にとって、欧米諸国（で使用する英語）よりもアジア地域赴任者の（現地語の）方が問題が多いようだ。例えば、ある調査によれば、中国で働く日本人に「中国人従業員と仕事をす

る上で困難と感じる項目」をあげてもらったところ、「自分の言葉（中国語）の問題」をあげた人は56％にのぼっている[9]。この結果はアメリカで働く日本人の回答（50％）より6ポイントも高い。「本来調査の趣旨では『中国人と仕事をする上で困難に感じる中国人の企業行動』として面接を行ったのだが、多くの日本人がこの点を挙げていることから、中国語で仕事をすることの難しさを感じていることがうかがわれる」と指摘されている[10]。この問題に対して、日本語、英語の分かる現地人を採用すると同時に、日本人駐在員が現地の言語をマスターし、能動的にコミュニケーション上の障碍を克服することしか、おそらく有効な解決法はないのではないだろうか。B社の事例はコミュニケーションにおいて言語が持つ意味を示唆している。

3-4 人的資源管理の課題

人的資源管理の課題として、両社とも①「現地国籍中間管理者の能力不足」、②「現地国籍中間管理者の定着・確保」、さらにA社は③「日本人派遣者の能力不足」をあげている。

①に関しては、A社はローカル・スタッフの中には優秀な人材もいるが、能力の個人差が大きく、管理者としては満足できない者も少なくないと認識しているが、それは日本人駐在員がローカル・スタッフに対する教育不足に起因していると明言した。すなわち、日本本社であれば人事部やHR部門（ヒューマンリソース事業部など）があり、専門家やスタッフも揃っているため、教育・訓練プログラムの製作・実行に携わり、昇進対象者への追跡調査や結果のチェックもできるが、海外拠点にはそのような人事関係のスペシャリストやスタッフはきわめて不足している。したがって、日本人派遣者は本社では狭い業務範囲しか経験しておらず、ましてや管理職すら経験していない人が突如に海外に派遣されてくる状態の中で模索しながら、かつ異文化の中での「協働」を理解しつつ、現地従業員を対象に人材マネジメントを行っていかなければならないのである。今後は現地スタッフに対して、日本人管理者は何を要求し、期待しているかをきちんと伝えていかなければ、彼らの能力

を引き出すことができないと認識している。B社は現地人管理者の能力評価について、仕事の内容は概ね理解しているが、論理的・体系的に物事を理解する力を高める必要があるとし、そのためには研修機会の増加、トレーニング内容の充実を早期に実現していかなければならないと考えている。

　②に関しては、A社は現時点では管理者の退職率が低く、特に人材不足を感じていないが、退職者が増える場合、代わりの人材はまったく蓄積されていないのが現状であり、この事態を深刻に受け止めている。言い換えれば、人材の定着はそれほど問題にはなっていないが、「人材予備軍」の育成が遅れているため、退職者の補充はスムーズにできないのではないかという危機感を抱いている。今後は5年から10年のスパンでこの問題に取り組み、人材育成に必要な資金と時間を確保するとともに、経営側の意識や考え方を改める必要があると認識している。B社は現地人スタッフが有能であり、現在一応定着しているので、会社も彼らを頼りにし、期待しているが、今後はどうなるか明確ではないので、人材の定着・確保に関しては1つの懸念材料であり、重要な課題であると考えている。

　③の「日本人派遣者の能力不足」についてA社は、①で触れたように、日本人派遣者は現地スタッフを教育する立場に立っているにもかかわらず、能力も経験も不足しているため、現地人の能力不足（持っている能力を引き出せない状態）につながってしまったと認識している。

4　おわりに

　今回の調査対象企業B社のケースでは、1名ではあるが、第3国籍人材の台湾人を副部長として登用している。今後、このような国籍を超えた人的資源管理と人材活用はますます日系企業に重視される可能性があり、その効果が期待できよう。

　筆者は別の論文[11]において、在ベトナム台湾系企業の中国人人材採用戦略を取り上げている。ベトナムにおける台湾企業は、台湾人駐在員に比べ、

人件費コストがはるかに安い中国人技術者や管理者を採用し、ベトナムの人材不足を補っている。この事例は国際人的資源管理の観点からみれば、まさに第3国籍人材（ナショナル・スタッフ）を活用する人材マネジメントの試みであり、大変興味深い。しかし、こうした人材戦略を採用している台湾企業は必ずしも多国籍企業とは限らず、中には中小企業も数多く含まれている。今後はこうした中小企業をも視野に入れた国際人的資源管理の研究が必要であろう。

(追記：今回の調査でヒアリングに応じてくださった日本人管理者に心から御礼申し上げたい。もちろん、本稿にありうるすべての誤りの責任は筆者にある。)

∥注

(1) 多国籍企業とは、multinational enterprise または multinational corporation に対応する日本語訳であるが、その定義についてさまざまな解釈がある。吉原によれば、「海外に子会社や合弁会社をもって国際的に経営活動をしている企業を多国籍企業ということができる」が、製造業の場合、①売上が最大500社以内、②5ヶ国以上に海外製造子会社を所有、の2つの条件を満たす企業を多国籍企業と定義すると、日本には149社あった。同様な数量的定義を非製造業企業にあてはめると108社あったという（いずれも1994年現在。吉原〔2002、5-6頁〕）。また、江夏は対外直接投資を2ヶ国ないしそれ以上の国々に行っている、つまり多数の国に産業拠点を持つ巨大企業が多国籍企業である（江夏健一『多国籍企業要論』文眞堂、1984年、2-3頁）と指摘しており、丹野は「多くの国に直接投資を行い、モノやサービスの生産拠点を設置して、世界的な視点で事業展開を行っている」企業と定義している（丹野、2005、8頁）。以上を要約すれば、多国籍企業とは、複数の国に跨って経営拠点を設立し、経営活動を展開する大企業であると定義づけられよう。

(2) Taylor *et al.* (2009, p. 46)
(3) Schuler *et al.* (2009, pp. 13-15)
(4) 白木（2006、27-29頁）。
(5) 石田（2001、21頁、28頁）。
(6) 同上、6頁、124-125頁を参照。
(7) 同上、16頁。
(8) 白木三秀「国際人的資源管理」吉原英樹編『国際経営論への招待』所収、有斐閣ブックス、2002年、および白木（2005）を参照。

(9) この質問に対する回答の上位5項目は以下のとおりである。a、チームワークがない（56％）、b、自分の言葉（中国語）の問題（56％）、c、自分の仕事範囲のみ（52％）、d、仕事に関する報告・連絡をしない（49％）、e、自主的・積極的に仕事に取り組まない（49％）。西田（2007、407-461頁）参照。調査対象は中国進出日系企業で働く日本人75名、調査手法は対面面接、調査時期は1999～2003年。
(10) 西田（2007、444頁）。
(11) 張英莉「ベトナム台湾系企業における人材育成」鈴木岩行・谷内篤博共編『インドネシアとベトナムにおける人材育成の研究』所収、八千代出版、2010年。

▎引用・参考文献

Schuler, Randall S., Dowling, Peter J. & De Cieri, Helen（2009）"An Integrative Framework of Strategic International Human Resource Management", in Budhwar, Pawan., Schuler, Randall & Sparrow, Paul, eds., *International Human Resource Management*, SAGE.

Taylor, Sully, Beechler, Schon & Napier, Nancy（2009）"Toward an Integrative Model of Strategic International Human Resource Management", in Budhwar, Pawan, Schuler, Randall & Sparrow, Paul, eds., *International Human Resource Management*, SAGE.

石田英夫『国際経営とホワイトカラー』中央経済社、2001年

白木三秀『アジアの国際人的資源管理』社会経済生産性本部、2005年

白木三秀『国際人的資源管理の比較分析―「多国籍内部労働市場」の視点から―』有斐閣、2006年

鈴木岩行・谷内篤博共編『インドネシアとベトナムにおける人材育成の研究』八千代出版、2010年

鈴木康司『中国・アジア進出企業のための人材マネジメント―現地スタッフの採用から評価・処遇まで―』日本経済新聞社、2005年

丹野勲『アジア太平洋の国際経営―国際比較経営からのアプローチ―』同文舘出版、2005年

趙暁霞『中国における日系企業の人的資源管理についての分析』白桃書房、2002年

西田ひろ子編『米国、中国進出日系企業における異文化間コミュニケーション摩擦』風間書房、2007年

三浦庸男・張英莉共編『現代社会の課題と経営学のアプローチ』八千代出版、2009年

吉原英樹編『国際経営論への招待』有斐閣ブックス、2002年

第Ⅱ部

市 場 編

第6章

市場における貨幣量の役割
——David Hume の貨幣論

1 序言

　本章で取り上げる問題は、貨幣量が市場にどのような影響を与えるかという問題である。この問題の発端は、約500年前のアメリカ大陸の「発見」に遡る。スペインが中南米を支配し、世界に覇を唱えた時期である。中南米には金や銀が大量に存在し、また豊かな鉱山から大量の金や銀が採掘された。これが、スペインにもたらされ、そしてヨーロッパへと広がったのである。同時にヨーロッパの物価も100年で2.5倍から3倍になったといわれている。

　この現象を説明する論理の1つとして貨幣数量説が生まれた。貨幣数量説は、経済学の基本的な理論として受けつがれ、特に1980年代以降急速に復興し現在の主流学説となっている。

　この理論を完成の域に高めたのがイギリスの哲学者ヒューム（David Hume, 1711-1776）である。ヒュームは貨幣量と市場そして国家との関係を網羅的に考察している。時代は、金と銀が貨幣であった時代であるが、その問題点は、現在に共通するだけでなく、ヒューム理論を検討することで多くの教訓を得ることができる。以下、本章では、ヒュームの貨幣論（*Political Discourses*, 1752）を追うことで、市場における貨幣量の役割を考えていきたい。

2　重商主義と貨幣数量説

　ヒュームの貨幣論は、新しい時代に対応した経済学の確立を目指すとともに、重商主義の経済学に対する批判から生まれた理論でもある。したがって、ヒュームの貨幣論を知るためには、重商主義とヒュームとの対立点を知らなければならない。

　その基本的な問題点は、重商主義が金や銀の貨幣を富とみなす貨幣観を持っていたことである。実際、重商主義の幕開けとなるコロンブスが大航海の際に残したとされる航海日誌は、金銀を求める記述に満ち溢れ、金や銀の獲得が彼の航海の真の目的であったことを如実に物語っている（『コロンブス航海誌』、参照）。

　金や銀の貨幣を富とみる見解はどこからくるのか。アダム・スミス（Adam Smith, 1723-1790）は重商主義を批判的に考察した『国富論』（*An Inquiry into the Nature and Causes of the Wealth of Nations*）の第4編第1章「商業的あるいは商人的体系の原理について（Of the Principle of the Commercial or Mercantile System)」の冒頭で次のようにいう。

　「富が貨幣すなわち金や銀から成り立っているということは、広く受け入れられている考えであり、これは貨幣の2つの機能、すなわち商業の道具として、価値の尺度として、の機能から生じるものである」（Smith, 1981 [Vol. 1], p. 429：訳［第2分冊］259頁）。

　引用にみられるスミスの重商主義に対する理解そのものが、スミスと重商主義との根本的な対立を含んでいる。スミスは、貨幣を富とみる重商主義の見解は貨幣の機能から導かれると考える。そして、その機能をスミスは自らの貨幣論に従って、貨幣が商業の道具であると同時に、商品の名目的な価値尺度であることによる、と考える。この2つの機能によって貨幣を持っていれば何でも買うことができるようになる。このことが、貨幣を富とみる重商主義の見解に結びついたと考えるのである。

スミスは、貨幣は何よりも交換の道具である、と考える。これは、後にみるように、スミスがヒュームから受け継いだものである。そして、彼は彼の労働価値論を前提に、支配労働を商品価値の真の尺度とし、貨幣を便宜的な尺度とみなした。スミスにとって貨幣は、交換の道具であると同時に商品価値の便宜的な尺度となる。交換手段と価値尺度である。この2つの機能を持つために、貨幣はすべての商品を購買できる富となったと考えたのである。

　しかし、重商主義者にとっては、貨幣のもう1つの第3の機能が重要な機能であった。それは、価値保蔵手段としての機能あるいは蓄蔵貨幣としての貨幣機能である。すなわち、価値を長期にわたって保存できるという機能である。貝殻も石も家畜も、価値尺度や交換手段としての適性もさることながら、さまざまな貨幣は多かれ少なかれこの機能を果たすことで貨幣となっている。交換手段と価値尺度機能を果たすという点では、ある意味ではすべての商品が、不十分ではあれこれらの機能を果たす。そして、商品によっては、金や銀と同程度にこうした機能を果たす商品もある。しかし、価値の保蔵という点では、金と銀という素材は別格なのである。

　重商主義を受け継いだロック（John Locke, 1632-1704）は、金と銀の持つ意味を明確に述べている。ロックは、彼の主著である、『統治二論』（*Two Treaties of Government*, 1690）、後編の「第5章　所有権について（Of Property）」の中で、所有の起源を労働に求めるいわゆる労働所有権論を説いた後で、貨幣の登場が所有権を拡大し、人間の必要を超えた需要を可能にし、貧富の格差をもたらしたことを説く。そして、その理由を金と銀の貨幣が腐らないこと（Locke, 1988, p. 36：訳336頁）に求めるのである。貨幣が金と銀ではなく、摩滅し消耗するものであれば、人はその価値を蓄積することができない。しかし、金と銀は、素材的に不滅であり無限に蓄積することができるのである。

　ロックの代表的な経済学の著作の1つ、「貨幣の価値の引き下げに関する再考察（*Further Considerations concerning Raising the Value of Money*, 1695）」では、彼は財宝の条件として、腐食しないこと、安定した価値を保つこと、大きな価値を持つことをあげ、貨幣の条件として、分割したとしても価値を維持す

ることができることをあげる。この基準に従って、宝石は財宝ではあるが、その素材は貨幣の機能を果たさず、金銀以外の金属は腐食するという欠点を持つために財宝とはなりえないこと、そして金と銀は、貨幣である以前に財宝であり、このため蓄積の対象となること、素材の不滅性とともに小さい体積に大きな価値を持つことが保管を容易にすることを説く。すなわち、貨幣としての金と銀は、財宝にして貨幣となったのである (Locke, 1963, p. 152：訳 246-247 頁)。

金や銀の中に保蔵された価値は、金と銀の素材が永遠に不滅であることによっていつまでも保持される。永遠に保証された購買力としての富が金や銀の貨幣の中に具体化されているのである。それは価値尺度や交換手段としての貨幣とは異なった商品流通の世界から相対的に自立した富としての貨幣の存在を語っている。ロックが見ていたものが、貨幣＝道具説を唱えるスミスには見えなくなっていたのである。

スミスにとって、貨幣は交換の道具として使うことに意味があるが、重商主義にとっては貨幣を保持することが国家にとっても個人にとっても意味を持つ。保有している量の多寡が個人にとっても国家にとっても潜在的な力である。保存された貨幣は将来の購買力であり、将来の購買力は現在の社会的な力でもある。この点で、ロックとスミスとの貨幣論をめぐる対立は決定的である。

付言すれば、金や銀の貨幣を富とみなすことは、金と銀以外の商品が価値を持たないという意味ではない。商品を売らなければ貨幣（金銀）は獲得できないのだから、商品も価値を持つ。しかし、金や銀は素材的に不滅であり、貨幣としての金銀の価値は永遠に保存できる富である。

永遠に保存できる金銀が貨幣として一般的購買力を持ち、これが重商主義期には、世界市場で認められた貨幣となる。国家にとっては、有事の際には決定的な力を持つことになる。貨幣量が国力を反映するとみられるようになるのである。

金や銀が貨幣となることによって、一国にとっての富としての貨幣の増加

は重商主義の基本的な政策となる。貿易差額主義は、そのための手段の1つである。

重商主義の基本的な政策である貿易差額主義の考え方は、すでに16世紀には広く知られていたといわれるが（Viner, 1975, p. 7：訳9頁）、この学説はマン（Thomas Mun, 1571-1641）によって代表される。

マンは、金銀の鉱山を所有しない国が金を獲得する方法として、全体としての輸出と輸入の差額分の決済をとおして金や銀の貨幣を国内に流入させる政策が重要であると主張する。これが貿易差額主義である。マンは東インド会社の重役であり、東インド会社はイングランドから金銀を持ち出すとして、重金主義者（bullionist）から避難されていた。重金主義者にとっては、金銀の貨幣の持ち出しは、イングランドの富を減らすことだからである。これに対し、金や銀の貨幣を国外に持ち出しても、全体としてそれ以上の金銀を国内に落ち込むのであれば問題はない、と反論したのである。

これに対しロックは、マンの貿易差額主義を継承して貿易差額による金銀のイングランド国内への流入を目的とする政策を支持していた。この点でロックは、明確な重商主義者であった。しかしロックにとっては、金や銀の貨幣の蓄積だけではなく、産業を育成するための手段としての貨幣の増大が目標となっていた。それは当時問題となっていた「貨幣の不足」の問題である。ここでいう貨幣は、流通手段あるいは交換手段としての貨幣と資金としての貨幣の双方を指す。

貿易差額主義による富としての貨幣をイングランドに流入させるという政策は、産業の育成のための貨幣の流入として重要な意味を持ってきたのである。流通手段としての貨幣の増加は、経済の循環を円滑にする効果を期待されたものであり、資金としての貨幣の不足は、当時の製造業にとっては差し迫った課題であったといわれる。ロックは一方では貨幣の価値と利子率とはまったく別の問題であるという認識を示しつつも、貨幣量の増加は結果的には利子率を下落させる方向に作用すると考える。この両方の意味で、貿易差額主義は貨幣不足を解消し産業を活性化させる効果を持つと考えられていた。

また、国際的にみれば、他国よりも多くの貨幣を持つ国は、軍隊および軍事品の調達を容易にし、強大な軍事力を維持することが可能となるとともに、世界市場の良質な商品は、物価の高い国の方が獲得しやすいと考えられていた。ロックにあっては、貨幣数量説と貿易差額主義とは、相互補完的な関係になっていたのである。

これに対し、本章の課題となるヒュームは、『経済論集』(Political Discourses, 1752) の中で、貨幣数量説を重商主義批判の学説として完成する。ロックからヒュームへ、経済学はどのように変遷したのであろうか。ヒュームの貨幣数量説の意味をヒューム経済学の中で検討する。

3 ヒュームの経済学

ヒュームの経済学は、新しい時代の到来を告げるものであった。『政治論集』の冒頭で、ヒュームは「コーヒー店の座談からでも学べるようなことしか教えてくれない著述家を評価する気にはなれない」(Hume, 1955、p. 3：訳7頁) と語っている。ヒュームにとって、本書は茶飲み話ではないのである。その自信の根拠は、ヒュームは生成しつつある経済の現実の中に、経済システムの理想的な姿を見出し、これに確信を持ったことによる。これは、ステュアート (James Steuart, 1713-1780) やスミスが同時代を封建制から商業社会への転換期とみたものと同じであり、ヒュームがその先駆けであった。

『政治論集』冒頭の「商業について (Of Commerce)」の中で、最も重視されているのは、商工業を基礎とした新しい時代には国家の繁栄と国民の幸福が一体となる、ということである。

国家と国民がともに繁栄する新しい時代への期待から、その対極に古代や絶対王政の時代の強権的で強制的な国家システムを想定して、その批判を意図したのである。ヒュームはしばしばスパルタを例に出しながら強権的な国家を批判する。その要点は、「古代の政策は乱暴であり、事物のより自然な通常の道筋 (natural and usual course of things) に反していた」(Ibid., p. 10：訳17

頁)、あるいは「個人を貧しくすることによって国家を強大にしようとする政策は乱暴である」(*Ibid.*, 同前) ということにある。

　商工業を基礎とする「自然の道筋」(natural course) に沿った新しいシステムは、こうした強制的な国家の対極に置かれている。強制的な統治に取って代わる自然の道筋に基づく統治とは何か。ヒュームのいう自然は、フランス重農主義のように自然の贈り物を唯一享受する生産的な産業としての農業を主軸に置くことではない。むしろヒュームは農業を主体とした繁栄には限界があると考える。ヒュームによれば、農業にのみ依存した社会では、熟練と勤労 (skill and industry) が増大し、余剰 (superfluity) が生産されるようになったとしても、それ以上の発展が望めないという。その原因は、農業の生産物では交換したいと思うような欲望の対象を見出せないということにある。このため、農業社会では、勤労の意欲も一定程度以上には掻き立てられないのである (*Ibid.*, p. 10：訳 17-18 頁参照)。

　こうした限界を打開するものが、「自然な通常の道筋 (natural and usual course)」(*Ibid.*, p. 8：訳 15 頁) あるいは「人間の共通の性向 (the common bent of mankind)」に則った統治の原理なのである。逆にいえば、社会を支えている原理が何であれ、それが自然でない分だけ、統治者による統治はより困難になる。

　そして、この社会の発展の鍵は「技術と産業 (skill and industry)」(*Ibid.*, p. 10：訳 17 頁) あるいは「産業 (industry) と技術 (arts) と商業 (trade)」(*Ibid.*, p. 10：訳 17 頁) の発展にある。技術と産業の発展は、「快楽 (pleasure) や虚飾 (vanity)」(*Ibid.*, p. 10：訳 18 頁) を満たす対象を提供するからである。これが発展の動力となるからである。同じことは外国貿易にもいえる。外国貿易によって「奢侈の快楽と商業の利益 (pleasure of luxury and profits of commerce)」(*Ibid.*, p. 14：訳 22 頁) を知った人々は「繊細さと勤労 (delicacy and industry)」(*Ibid.*, p. 14：訳 22 頁) に目覚め、いっそうの改良を行うようになるのである。

　「人間の共通の性向」や「自然の道筋」と呼ばれているものは、人間の快楽や欲望に即した繁栄のシステムで、これに基づいているからこそ、勤労

(industry) が行われる。これを可能にする産業的基礎は、商業と製造業なのである。ここにヒュームの提起した新機軸がある。

しかし、ヒュームはもう1つの理論的な軸を持っている。それは、富に対する考え方の転換である。ヒュームは次のようにいう。

「世界のあらゆるものは労働によって購買される。そして、労働の唯一の原因はわれわれの諸欲望である」(*Ibid.*, p. 11：訳18頁)。

「公共の穀物倉庫、毛織物倉庫、兵器庫、これらはすべていかなる国家にあっても、真実の富 (real riches) であり、力であることが認められなければならない。商工業は、確かに、労働の貯え (stock of labour) 以外の何物でもない」(*Ibid.*, p. 12：訳20頁)。

引用中、世界のあらゆるものは労働によって購買されるという一文は、アダム・スミスの労働を本源的な購買貨幣とみる見解の先駆けである (Smith, 1981, p. 48：訳［第1分冊］64頁)。そして、貨幣が富なのではなく、労働の結果、あるいは労働の産物が富なのである。

ヒュームにとっては労働の生産物を貯えること、これを増やすことが、国家の繁栄につながる。そのための手段は、強制的な国家でも農業を基軸とした経済でもなく、商工業を基軸として、人間の欲望を刺激し、国民が自発的に労働するような自然にかなったシステムであった。ヒュームはいう。「労働者に製造業と商品を与えよ、そうすれば彼は自らそうするであろう」(Hume, 1955, p. 12：訳20頁)、と。

「商業について」に続いて、『経済論集』では「技術における洗練について (Of Refinement in the Arts)」の章が置かれている。この章のタイトルは「奢侈について (On Luxury)」と表記する版もある (*Ibid.*, p. 19：訳30頁参照)。欲望を基礎に置く経済の発展を構想するヒュームにとって、奢侈の問題は、等閑視できない問題であった。

「消費を軽蔑して質素や倹約を賞賛することはこの時代の一般的な教養であった」(Viner, 1975, p. 26：訳27頁)。

ヒュームは、この価値観を転換させようとしている。奢侈は、人間の欲望

を刺激し結果として労働にインセンティブを与え経済を自然の道筋に沿って繁栄させるために重要な役割を果たすと考えられたからである。奢侈とこれに対応した技術の発展は、人間の欲望をより強く刺激するものとして経済の発展の動因となる。

しかし、奢侈には固有の問題がつきまとっている。奢侈は「よい意味にも悪い意味にもとれる」(Hume, 1955, p. 19：訳29頁)し、「道徳的に無害にもなりうるし、非難されるべきものにもなりうる」(*Ibid.*, 同前)。

ヒュームは過度の奢侈嗜好が腐敗をもたらすという批判に対しては、快楽が洗練されればそれだけ過度の快楽にふけることもなくなると反論し(*Ibid.*, p. 23：訳34頁参照)、仮に奢侈に弊害があったとしても、「奢侈は、度を越せば多くの害悪の源となるが、しかし一般には不精や怠惰よりはましである」(*Ibid.*, p. 32：訳46頁)というのである。奢侈に問題があったとしても国家と国民の繁栄に果たす役割の方が重要である、と考えたのである。

以上みてきたように、ヒュームは、商工業の発展をベースに、自然な自発的な経済の発展を企図した。この経済発展のシステムにとって、貨幣の役割は決定的に重要であった。ヒュームは、重商主義を批判しつつ、貨幣を軸に経済発展の仕組みを模索する。

4　ヒュームの貨幣論

4-1　貨幣の本質と量

ヒュームの貨幣本質論は、次の引用文の中にある。

「商業の実体(subject)のひとつではなくて、財貨相互の交換を容易にするために人々が承認した道具(instrument)に過ぎない。それは交易の車輪のひとつではない。それはこの車輪の動きをより円滑にする油なのである」(*Ibid.*, p. 33：訳48頁)。

この引用部分が、ヒュームの貨幣論の最も重要な点である。これは、重商

主義から古典派への貨幣思想の転換を意味する。すなわち、重商主義が貨幣を富とみなしてその増殖を経済政策の目的としたのに対して、貨幣を交換の道具と位置づけることによって貨幣の存在意義を目的から手段へと転換したのである。財宝としての貨幣は、蓄積の目的となるが、交換手段としての貨幣は、あくまでも商品を買うための手段に過ぎなくなる。

ここに至って、貨幣量の増加を目的とする経済政策は否定される。この見解は、古典派を経由して現代へとつながる。ヒュームの友人アダム・スミスはヒュームの貨幣数量説を採用することはなかったが、ヒュームの貨幣＝道具説は採用した。

貨幣数量説を採る場合には、貨幣が内在的で固有の価値を持つという見解を否定する必要がある。貨幣の内在的価値を認めるならば、貨幣量の増加がそのまま富としての貨幣の増加になるからである。

貨幣の価値についてのヒュームの見解は、「利子について」の中に含まれている。

「貨幣は擬制的な価値（fictitious value）を持つものなので、その量が多いか少ないかは何の影響もない」（Hume, 1955, p. 48：訳70頁）。

貨幣の価値を fictitious（擬制的）とみなすところに、ヒュームの貨幣論の本質がある。ロックはこれを想像的（imaginary）と表現していた（Locke, 1963, p. 22：訳31頁参照）。いずれも、この価値規定によって、貨幣に介在する固有の価値の存在を否定し、貨幣量の増加が貨幣価値の減少につながるとする貨幣数量説と矛盾しない価値概念を設定していたのである。

貨幣数量説は、「商品の価格は常に貨幣量に比例する」（Hume, 1955, p. 33：訳48頁）と、簡潔に表現される。このことは貨幣の価値は貨幣の量に反比例することを意味する。重商主義との関係でいえば、貨幣量の増加は富の増加ではなく、貨幣価値の減少と物価の上昇を意味する、と考えられているのである。

貨幣の価値を fictitious とすることで、この貨幣数量説が成立する。そして貨幣数量説によれば、「われわれがある国だけをとって考察するならば、

貨幣量の多少はなんら問題ないことは明らかである」(*Ibid.*, p. 33：訳48頁)、ということになる。

　しかし、問題はそれほど簡単ではない。ロックには、金銀は200年間で10倍になったのだから、その価値は10分の1になった (Locke, 1963, p. 47：訳71頁参照)、という表現があるが、これは、ロックによれば、商品量が増えなければ、という仮定の話しである。

　ヒュームにとっても、貨幣の増加の意味は、単純な増加ではなく、商品に対する貨幣の増加を意味する。「あらゆるものの価格が商品と貨幣の比率に依存」(Hume, 1955, p. 41：訳60頁) するからである。すなわち、貨幣量が増加しても商品量が増加すれば、物価は上昇しないのである。

　貨幣数量説にかかわる問題は、価格の決定に関与する貨幣量の範囲にかかわる問題となる。ヒュームは次のようにいう。

　「物価が一国民における商品の絶対量と貨幣の絶対量に依存すると言うよりは、むしろ市場にもたらされる、あるいはもたらされうる商品の数量と流通する貨幣量とに依存する、と言うことも自明のことである」(*Ibid.*, p. 42：訳60頁)、という。鋳貨が金庫にしまい込まれたり、商品が倉庫に退蔵されるならば、価格には影響を及ぼさないからだという。

　したがってヒュームのいう価格形成にかかわる貨幣は、使用された貨幣であり、商品は売れた商品のことになる。それは、購買された商品の総価格と販売された商品の総価格が等しいといっていることにほかならない。使われなかった貨幣と売れ残った商品を価格形成の要因としてカウントしないからである。しかし、存在する貨幣の量とは、使われなかった貨幣も含むし、売れ残った商品も含めて商品が過剰にあることが商品の価格形成に影響している。

　貨幣の存在は、富として蓄蔵される貨幣、流通手段として存在する貨幣、その中で、所定の期間に使用される貨幣に分かれる。さらに金銀本位制の場合には、地金、地銀、金銀食器、などの鋳貨以外の貨幣の貯水池も存在する。貨幣数量説が価格形成にかかわる貨幣をどの範囲で捕らえるかによって、そ

の内容は異なってくる。ヒュームやロックの見解を厳密にして、使用された貨幣と売れた商品だけで考えるなら、総額が一致するのは自明のことであり、そこから経済学的な意味を引き出すのは難しい。貨幣数量説が抱えている問題点の1つである。

現代の貨幣数量説を代表するフリードマン（Milton Friedman, 1912-2006）は、貨幣数量説の命題を指して次のようにいう。「けれども貨幣数量説はそのような恒等式ではなかった。貨幣数量説は何かそれ以上のものであった。それは物価の変動が……貨幣ストックの変化によって引き起こされるという主張であった」（フリードマン、1964、200頁）。

4-2 貨幣の経済刺激効果

一国にとっての貨幣量の多寡が無意味であるいう主張は、重商主義の批判としては意味を持つが、それ以上の意味は持たない。しかし、ヒュームの貨幣論はこれにとどまることはない。貨幣の絶対量の多寡には意味がないが、貨幣が増加するプロセスは経済を刺激する、というのである。

「財貨の高価格は、金銀の増加の必然的結果ではあるけれども、この増加に続いて直ちに生じるものではなくて、貨幣が国の全体にあまねく流通し、その効果が国民のすべての階層に及ぶまでには、ある時間の経過が必要なのである。……私の意見では、貴金属の増加が産業活動にとって有利なのは、貨幣の取得と物価の騰貴との間の間隙ないし中間状態においてだけである」(Hume, 1955, p. 38：訳54頁)。

この引用箇所は、貨幣数量説そのものよりも、政策的には重要である。貨幣数量説そのものは、重商主義の政策を批判するという意義はあっても、政策的には、それ以上の積極的な意味は持たない。しかし、引用部では、ヒュームは貨幣量の増加が、物価の上昇に結びつくためには一定時間が必要で、その場合には、購買量や雇用される労働者や労働時間が増えるのが先で、賃金や物価の上昇はこの後に続く、というのである。このことが貨幣量の増加が経済を活性化する仕組みとなる。これが、「連続的影響説」と呼ばれる議論

である。ヒュームは、フランスなどの例をとって、貨幣の増加と物価の上昇にはタイムラグがあることを例証する。そして、次のような政策提言を行う。

「為政者の優れた政策というのは、ただできることなら貨幣を絶えず増大させるようにしておくことである。……貨幣が少しずつ減少している国民は、実際にはそのとき、その国民よりも多くの貨幣を持たなくともそれを増加させつつある他の国民より、弱くて貧弱である」(*Ibid.*, pp. 39-40：訳 57-58 頁)。

すなわち、徐々に貨幣を増加させれば、貨幣量の増加と物価のタイムラグの効果によって、需要が喚起され経済が刺激される、というのである。現代の金融緩和政策が、貨幣量の増大そのものという形で提起されている。

しかし、この場合、いくつかの前提がある。第1に貨幣量の増加は必ず購買力の増加につながる、とみなしている点である。ステュアートはこの点を批判する。貨幣量の増加と有効需要の増加とは別だからである（奥山、2009 参照）。貨幣量の増加が有効需要の増加に結びつかなければ、増加した貨幣は保蔵される。あるいは、富として保有される。第2に、完全雇用時の労働力のように供給が制限されている商品は、追加供給が不可能なケースがあり、この場合は、物価の上昇を招くだけで、実体経済への効果はないことになる。すなわち、この政策は、いつでも効果的だとは限らない。

4-3 外国貿易論

ヒュームの貨幣数量説のもう1つの柱は、金銀の自動調節機構の提示である。これは、ヴァンダリント（Jacob Vanderlint, ?-1740）などが手がけた問題を発展させたものである（Vanderlint, 1914）。

ヒュームは次のように問題を提起する。「貨幣量の相対的な豊富さは、それを役立てる場合が限られており、ときには外国人との商業上、国民にとって損失となることすらあるであろう」(Hume, 1955, p. 34：訳 50 頁)。

その理由は2つに分かれる。一般的に指摘されているのは、以下のような内容である。まず、「今、仮に一夜のうちにグレイトブリトンの貨幣の5分の4が消滅したら」(*Ibid.*, p. 62：訳 90 頁) として、この場合、労働と財貨の価

格が下落し、外国市場での競争力が増し、ごく短期間のうちに、失った貨幣を呼び戻し、労働と財貨との価格を近隣のすべての国民の水準まで騰貴させるであろう、という。また、逆に貨幣が5倍になれば、国際的な競争力を失って、貨幣が流出するだろう、と指摘する (Ibid., pp. 62-63：訳90-91頁)。これが一般的に指摘されている、ヒュームによる金銀の国際的な自動調節論である。これによって、重商主義の基本政策である貿易差額主義は、無駄な努力ということになる。

しかし、ヒュームの自動調節論はこれだけではない。今日的な問題を射程に置けば、次の指摘の方が重要である。

「製造業は、次第にその立地を変え、自らがすでに富ませた国や地方を離れて、食料と労働との安価によって誘われるところならどんな国や地方でも飛んでゆく。そして製造業は、これらの国や地方をも富まし、今度も同じ原因によって駆逐されることになる。したがって、一般に、貨幣の豊富にもとづくあらゆる物の高価は、基礎の確立した商業にともなう不利益であり、すべての海外市場において貧国が富国よりも安く売ることができるようにして、どんな国の商業にも制限を加える、と述べることができよう」(Ibid., p. 34：訳 50-51頁)。

ここでは貨幣の多い国が高価格によって競争力をなくすというのではなく、貨幣の少ない国の低価格と低賃金労働が誘因となって、貨幣の多い国の資本が貨幣の少ない国に引き寄せられることによって、金銀の自動調節が生じる、というのである。国際的な資本移動に伴う、金銀貨幣の国際的な調節機構である。

こうした見解は、ヒュームの外国貿易論を、国家間の覇権をめぐる競争か、自由貿易による相互依存関係へと導く。以下のとおりである。

「ある一国民の富と商業の増大は、その近隣の諸国民すべての富と商業とを損なわないどころか、それらを促進するのが普通であり、一方近隣の国がすべて無知と怠惰と野蛮との状態に沈み込んでいるときには、一国がその商工業を大いに進歩させることはまずできない」(Ibid., p. 78：訳113頁)。

4-4 ▎ 国家にとっての金と銀

　貨幣数量説と重商主義との関係で最も深刻な対立は、金銀貨幣を貯め込むことは、愚かなことかどうかという問題である。重商主義は、国家にとって金銀を貯め込むことの重要性を説いていた。ヒュームは、これが物価を上昇させるだけで何の意味もないと説く。しかし、国家全体ではなく個人にとって、金銀貨幣を貯め込むことの意味は、誰も否定しないであろう。この問題が、ヒュームにもあるいは貨幣数量説の論者にも跳ね返る。貨幣を多く持つことは国家にとって本当に意味がないかどうか、である。

　ヒュームの結論は明確である。彼は次のようにいう。

　「貨幣の相対的な豊富から何らかの利益を得るのは国家だけであり、外国と戦争や交渉をする時だけである。そしてこれこそが豊かで商業を営むすべての国々が、近隣の貧しい国民から雇い入れた軍隊を用いた理由なのである」(*Ibid.*, p. 33：訳48頁)。

　国家は貨幣を多く持つことに意味がある。しかも軍事的には意味が大きい、ということである。こうした考え方をもって重商主義的である、と断じるわけにはいかない。外貨、あるいは国際通貨を保有していない国は、国家的危機への対応が難しくなるのは、重商主義という時代を超えた問題である。

　こうした視点は、紙券論批判につながる。ヒュームは、紙券の使用が国内の金銀を減らすと考える。すなわち、「わが国で広く行われている銀行・公債・紙券信用ほど、貨幣をその水準以下に下落させる方法を私はまず知らない。これらの制度は、紙券を貨幣に代わるものとみなし、それを全国にくまなく流通させて金銀に取って代わらせ、それに比例して労働と財貨の価格を騰貴させる。それによって右の貴金属の大部分を駆逐するか、そのいっそうの増加を妨げたりする」(*Ibid.*, pp. 67-68：訳97頁)、というのである。そして、次のようにいう。

　「この不利益（貨幣の増加によって物価が上がることの不利益……奥山）は、これらの貴金属の所有からわれわれが得られる利益や、外国とのすべての戦争や

交渉に際し貴金属が国民に与える力によって償われる。しかし、その不利益を模擬貨幣（counterfeit money）の使用で増大させてよい理由はどこにもないと思われる。この貨幣は、外国人がどんな支払いにおいても受け取らぬものであり、国の秩序が大きく乱れた時には無価値に帰すべきものである」（Ibid., p. 35：訳51頁）。

要するに金や銀以外は、世界貨幣として通用性がない、というのである。紙券が貨幣として流通することは、金銀を減らすことになり、国益を損なう、と考えるのである。したがって、ヒュームは、結果的には、国内に貨幣が多く存在することに利点を認めていたことになる。

そうであるとすると、貨幣を増加されることの貿易上の不利益と、国家的な見地、特に非常時の国益の観点からの貨幣を保蔵することの利点との対立はどのように解決されるのか。

ヒュームは、この問題の解決策として、意図的な貨幣退蔵を示唆している。「私の意見では、貨幣をその水準以上に騰貴させる唯一の急場しのぎの方法は、われわれのすべての大害をもたらすとして大いに非難するはずの破壊的な一方法、すなわち、莫大な金額を国庫に集めて錠を下ろし、その流通を完全に妨げることである」（Ibid., p. 72：訳104頁）。

ヒュームにとって貨幣数量説の命題に関係する貨幣、すなわち価格に影響する貨幣は、流通している貨幣である。したがって、保蔵された貨幣は価格に影響することはない。このため、貨幣の増加が貿易に不利に作用する場合は、意図的に貨幣を保蔵すれば、その弊害を回避することができる。あるいは、これによって、さらにいっそうの金銀を海外から流入させることも可能となる。例として、ヒュームはジュネーヴをあげている（Ibid., 同前）。

なお、重商主義期において利子率の低下は、産業の発展を繁栄するもので好ましいこととされ、貨幣量の増加が利子率の低下につながるかどうかが問題とされていたが、ヒュームの場合、貨幣量と利子率との関係は明確に否定している。

5 結語

　ヒュームの経済学は、商工業を基幹産業として人間の欲望と労働をベースに、強制によらない自発的な活動によって経済の発展を目指すものであった。こうした考え方は、スミスを経由して古典派経済学に継承される。そして、自然で自発的な経済の発展にとって、貨幣の役割はきわめて重要であった。ヒュームは、市場における貨幣量の役割を多様な観点から深く考察した。その論点の多くは、古典派を経由して現代の経済学に継承されている。

　何よりも、ヒュームは貨幣=道具説を提示することで、後の貨幣本質論に大きな影響を与えた。そして、貨幣量と物価との関係、および金銀貨幣の国際的な自動調節機構によって貨幣数量説を定式化し、重商主義の貨幣観と貿易差額主義に終焉をもたらした。しかし、貨幣量の多寡が一国の経済にとって意味をなさないことと貨幣の増加の問題とは別である。彼は貨幣増加のプロセスが、実体経済を刺激することを論じて、貨幣を増加させる経済政策の有効性を指摘した。

　他方、視点を国家の立場に置くと、新たな結論が導かれる。すなわち、ヒュームは、国家としては国際通貨である金銀の貨幣を多く持つことが有利であること、特に有事の際にはこの問題が重要であることを認める。そして、この観点から、金や銀の貨幣の代替物としての紙券の発行を批判した。紙券の発行は金銀の貨幣を減らすと考えたのである。こうした見解はヒュームの重商主義的な側面というよりも、国家的な利害の見地からする現実的な考え、とみることができる。

　ヒュームが提起した問題は、当時と現在との貨幣システムの違いを超えて、今日の経済学が引き継ぐべき課題といえる。

❙❙ 引用・参考文献

Blaug, Mark *et al., The Quantity Theory of Money*, Edward Elgar, 1995.

Elitis, Walter., *'John Locke, the Theory of Money and the Establishment of a Sound Currency'*, Blaug, Mark, et al., *The Quantity Theory of Money*, Edward Elgar, 1995.

Hume, David., *Writings on Economics*, Ed. by Eugene Rotwein, University of Wisconsin Press, (*Political Discourses*, 1752 [1955]). (ヒューム著、田中敏弘訳『経済論集』東京大学出版会、1967 年)

Laidler David., *The Golden Age of Quantity Theory of Money*, Harvester Wheatsheaf, 1991. (嶋村紘輝他訳『貨幣数量説の黄金時代』同文館出版、1991 年)

Locke, John., *Works of John Locke*, Vol. 5, Scientia Verlag Aalen, 1823 [1963].

Locke, John., *Some Considerations of the Consequences of the Lowering of Interest, and Raising the Value of Money*, 1692. (田中正司・竹本洋訳『利子・貨幣論』東京大学出版会、1978 年)

Locke, John., *Further Considerations Concerning Raising the Value of Money*, 1695. (田中正司・竹本洋訳『利子・貨幣論』東京大学出版会、1978 年)

Locke, John., *Locke on Money*, Ed. by W. Yolyon, Oxford University Press, 1991.

Locke, John., *Two Treatises of Government*, Cambridge University Press, 1690 [1988]. (加藤節訳『統治二論』岩波文庫、2010 年)

Marx, Karl., *Das Kapital, Marx-Engels Werke*, Bd. 23., Dietz Verlag, Berlin, 1969. (社会科学研究所監修、資本論翻訳委員会訳『資本論』第 1 分冊、新日本出版社、1982 年)

Misselden, Edward., *Free Trade and the Means to Make Trade Flourish*, Da Capo Press Theatrvm Orbis Terrarvm Ltd, Amsterdam, 1622 [1970].

Montesquieu, Charles-Louis de., *The Spirit of Laws*, Prometheus Books, 1900. (*De l'Esprit des Lois*, 1748). (野田良之他訳『法の精神』岩波文庫、1989 年)

Mun, Thomas., *England's Treasure by Forraign Trade*, Augustus M. Kelley, 1664 [1986]. (渡辺源次郎訳『外国貿易によるイングランドの財宝』東京大学出版会、1965 年)

Smith, Adam., *An Inquiry into the Nature and Causes of the Wealth of Nations*, Ed. by R. H. Campbell & A. S. Skinner, 2 vols., Oxford University Press 1976, Rpt. by Liberty Fund, 1776 [1981]. (水田洋監訳、杉山忠平訳『国富論』4 分冊、岩波書店、2000 年)

Steuart, James., *An Inquiry into the Principles of Political Economy*, Ed. by A. S. Skinner, 4 vols., Pickering & Chatto, 1767 [1998]. (小林昇監訳『経済の原理』名古屋大学出版会、第 1・2 編、1998 年、第 3・4・5 編、1993 年)

Vanderlint, Jacob., *Money Answers All Things*, Ed. by Jacob H. Hollander, Johns Hopkins Press, 1734 [1914].

Viner, Jacob., *Studies in the Theory of International Trade*, Augustus M. Kelly, 1937 [1975]. (中澤進一訳『国際貿易の理論』勁草書房、2010 年)

奥山忠信「ジェームズ・ステュアートの貨幣数量説批判」『埼玉学園大学紀要』経営

学部篇、第 9 号、2009 年
奥山忠信「ロックの貨幣数量説」『埼玉学園大学紀要』経営学部篇、第 10 号、2010a 年
奥山忠信「金貨幣の合理性に関する考察」『政策科学学会年報』創刊号、2010b 年
小池田富男『貨幣と市場の経済思想史—イギリス近代経済思想の研究—』流通経済大学出版会、2009 年
クリストバル・コロン著、林屋永吉訳『コロンブス航海誌』岩波文庫、1977 年
清水敦『貨幣と経済』昭和堂、1997 年
堀家文吉郎『貨幣数量説の研究』東洋経済新報社、1988 年
馬渡尚憲『経済学史』有斐閣、1997 年
ミルトン・フリードマン「貨幣理論の現状」安井琢磨他編『近代経済学講義』所収、創文社、1964 年

第7章

消費者金融市場と多重債務問題

1　消費者金融の黎明期から貸金業へ

　わが国の金銭の貸借の起源は、古くは奈良時代（710年から784年）の「出挙」[1]に遡ることができるといわれている。しかしこれは、実際には貨幣の貸借ではなく、物品による貸借ということができる。このような物品による貸借が、実際に金銭の貸借に変わったのは、「和同開珎」（708年）が貨幣として登場し、広く世間に流通するようになってからである。

　鎌倉時代（1192年から1333年）や室町時代（1392年から1573年）には、地方にまで貨幣経済が発展し、動産を質にとって銭を貸す業者が現れるようになった。その代表的なものが「土倉」[2]という貸金業者で、「質屋」の元祖ともいうべきものであった。

　質草の移り変わりをみてみると、その時代によって庶民の生活ぶりがわかってくる。例えば、鎌倉・室町時代には、地域の富裕層が貸主となって、絹布、書籍、楽器、家具や金物類といった物品を質草にとり、当時流通していた「永楽通宝」という金銭の貸借をしていた。また江戸時代には、土地の質入は幕府によって制限されていたため、衣服やその他の雑品を預かって融資するという、現在の「質屋」と似たものとなった。さらに明治時代には、「質屋」は質屋取締法（1895年）で規制を受けたが、1950年から「質屋営業法」に基づいて営業した。現在の「質屋」は、高級ブランド品を中心に質受けし

て、それを高額で販売することが主になっている[3]。

　質草に基づく融資という点での質屋業は、現在は衰退しているといってよい。その理由は、1970年代以降には、一般大衆の所得が上昇したことや勤務先の会社の貸付制度ができたこと、さらに「サラリーマン金融業」いわゆる「サラ金」が台頭してきたことがあげられる。このように貸金業は、物品に対する信用から金銭が融資されるという仕組みからはじまったといえる。

　他方、「質屋」とともに、「無尽」・「頼母子講」も庶民の金融をつかさどってきている。

　「無尽」とは、神社仏閣の建造・修繕費の費用を拠出するためのものであったが、しだいに庶民の相互扶助機関となっていった。明治・大正・昭和初期には、「無尽」は無尽業として発展し、中小企業の金融を賄うための機関として確立して、第2次大戦後1951年に「相互銀行法」が交付されると無尽会社はほとんど「相互銀行」に改組された。そして1990年3月末時点で、「第2地方銀行」へと改組された。

　また、「頼母子講」も、人々が集まって金子を出し合って「講」という組織をつくり、講に属している人の中で困窮している者に融資をして救済するというものであった。これも「無尽」と同様に相互扶助機関として機能していた[4]。

　ここで、過去に存在した貸金業と融資方法のいくつかを紹介しておく。
　①　一般大衆に小口の金貸しを行う貸金業者
　「日銭屋」は、室町時代に存在し、日歩計算で金を貸す、いわゆる高利貸で江戸時代（1600年から1867年）に繁栄し、時に月利25％という例もあった。
　②　江戸時代に存在した、「日済」・「百一文」など
　「日済」とは、利息を元金から引いて貸し、残金を翌日から毎日返済させる方法。
　「百一文」とは、小売商や行商人に、朝百文を貸して、夜百一文を返済させる方法。

いずれにしても、これまで記してきた貸金業としての消費者金融は、ほとんどが「高利貸」であるといってよい。

2 過去約40年の消費者金融とその貢献

2-1 | 1970年代から1990年代の消費者金融

1945年8月終戦を迎えたわが国は、物資不足、食糧不足や悪性のインフレーションという最悪の状況から再出発することになった。このとき世間で横行したのが「ヤミ金融」であった。

当時、貸金業者（ここでは消費者金融業者と同義）は届出制で、誰でもできる状態にあった。貸金業者は次々と設立されていくことになる。貸金業者の中には、純粋な融資という意味で信販会社も含まれるが、最近まで大手といわれた貸金業者、アコム・武富士・レイク・プロミスが、急成長を遂げ4大貸金業者となっていった。信販会社では、日本信販・ジャックス・オリエントファイナンス（現：オリエントコーポレーション）などがあげられる。

もちろん銀行も消費者金融に着手しているが、ここでは図7-1より、貸金業者と大手信販会社7社のみに限定してみていくことにしたい。

1972年の貸金業者の新規供与額は840億円、1975年の新規供与額は3,420億円、1980年の新規供与額は28,021億円というように急激な伸びを示している。1975年は1972年の約4倍、1980年には1972年の約33倍と驚異的であった。

このような状況となったのは、この時期は、高度経済成長期が終焉を迎えて、人々の所得が伸びると同時に、貯蓄も大いに伸びてきているため、この貯蓄の余裕から貸金業者（民間金融機関を除く）を利用したために大きく伸びたといえよう（表7-1参照）。

文字どおり、消費者金融業者のキャッシングもしくは消費者ローンとは、無担保・無保証人による小額の融資であり、わが国の急速な経済発展にした

(単位：億円)

					1972年	1975年	1980年
消費者信用	販売信用	非賦払方式	銀行系クレジットカード		1,990 (100)	4,150 (208)	10,695 (537)
			百貨店自社カード		1,220 (100)	2,050 (168)	2,445 (200)
		賦払方式	専門機関媒介方式 (信販会社、チケット団体)	総合割賦あっせん	2,060 (100)	4,270 (207)	12,545 (609)
				個品割賦あっせん	660 (100)	4,240 (642)	25,078 (3,800)
			独立方式（月賦百貨店等）		11,020 (100)	18,090 (164)	26,568 (241)
			系列方式 (家電、自動車の月販会社、ディーラー)		13,580 (100)	20,910 (154)	25,985 (191)
			計		30,530 (100)	53,710 (175)	103,317 (338)
	金融信用	非賦払方式 (質屋、郵便貯金)			1,870 (100)	4,440 (237)	9,084 (486)
		賦払方式	民間金融機関	提携金融	4,990 (100)	5,780 (116)	8,941 (179)
				非提携金融	2,290 (100)	5,260 (230)	6,218 (272)
			貸金業者 (大手信販7社を含む)		840 (100)	3,420 (407)	28,021 (3,336)
			計		9,990 (100)	18,900 (189)	52,264 (523)
			消費者信用合計		40,520 (100)	72,610 (179)	155,581 (384)

注：郵便貯金貸出しは1973年1月から開始されたもので、指数の基準年を1973年とした。

図7-1 消費者信用新規供与額推計

出所：日本割賦協会『消費者信用統計 '82年版』より作成

表7-1 年間の収入と貯蓄（勤労者世帯）

(単位：千円)

	1975年	1976年	1977年	1978年	1979年
収入	2,986	3,328	3,654	3,874	4,134
貯蓄	2,636	3,151	3,484	3,722	4,023

出所：総理府統計局「貯蓄動向調査報告」

がって、人々が行楽費や遊興費（ギャンブル）、エンターテインメント費などに気軽に使用できるようになったためであると考えられる。

貸金業者による驚異的な融資の膨張のもう1つの理由は、銀行に比べて手軽にかつスピーディーに融資したという点である。

このことは、国内総生産における家計支出に大きく貢献しているといえよ

う。

　1980年を例にあげてみると、民間最終消費支出が141兆3,242億円であるのに対し、貸金業者の新規供与額が2兆8,021億円であるから、約2％にもあたるのであり、これは図7-1の数値から相当な貢献度を示しているものといえる。

　しかし、1980年から1989年まで、貸金業者による供与額はほぼ横ばいとなってしまう。この時期は消費者金融の氷河期といってもよい。

　実際に、この10年間における貸金業者（ここでは消費者金融会社）の供与額は、平均約2兆円で推移している[5]。

　これは、1983年4月、貸金業規正法と改正出資法が成立し、同年11月に施行され、その際、大蔵省により金融機関に対して融資自粛が通達されたためである。

　それは、いわゆる「サラ金」による「高金利」や「暴力的な取立て」、「多重債務者の発生」や「自己破産者の急増」といったことが社会問題として露呈してきたためである。

　また、この時期は、バブル景気の時期と重なり、消費者金融業者を利用しなくとも、多くの人々が豊かな生活を送ることができたためと推察できる。

2-2 ┃ 1990年代から2005年まで

　このような社会問題を回避すべく、出資法を利息制限法に近づけるべく、1954年に公布された109.5％から、1983年に公布された54.75％、さらに1991年の40.004％、2000年の29.2％へと漸次引き下げられていくこととなり、この長い年月を経て、「サラ金」という用語がほぼ使用されることがなくなり、「消費者金融」という用語が定着していくことになったのである（図7-2を参照）。

　そして、バブル崩壊後の1990年から2005年までの消費者金融会社の信用供与額は、再び増加に転じていくこととなった。1990年には38,464億円で、2000年には99,811億円、そして2005年には104,194億円へと増加し続けた。1990年と2005年を比較すると約2.5倍にまで膨れ上がってきたのである。

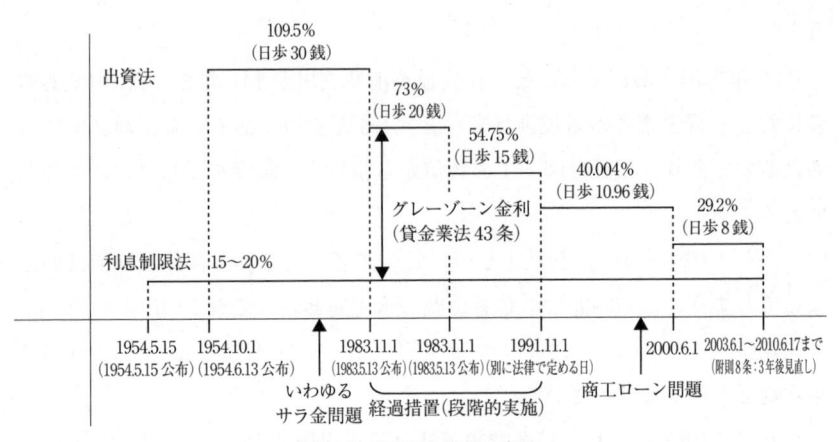

```
                109.5%
               (日歩30銭)
出資法    ┌─────────┐
         │         │ 73%
         │         │(日歩20銭)
         │         ├────┐ 54.75%
         │         │    │(日歩15銭)
         │         │    ├────────┐ 40.004%
         │         │    │        │(日歩10.96銭)
         │         │    │グレーゾーン金利├────┐ 29.2%
         │         │    │(貸金業法43条)   │    │(日歩8銭)
         │         │    │        │        ├────┐
利息制限法│15〜20% │    │        │        │    │
─────────┴────┴────┴────────┴────┴────
```

図7-2　出資法金利の推移

出所：社団法人日本クレジット協会「クレジットの歩み」平成史　第1節　http://www.j-credit.or.jp/information/walk.html

ここで、次のような記事がある。

　2000年「消費者金融、また最高益」、消費者金融大手4社の3月期決算が11日、出そろった。業界トップの武富士が9年連続で過去最高益を更新するなど、各社とも増収増益、過去最高益を塗り替える好決算となった。超低金利に加え、ノンバンクに社債発行による資金調達を解禁した「ノンバンク社債法」が昨年施行されたことで、資金調達コストがさらに低下。所得の伸びが低い中で、消費者金融の新規利用者が増えたことも業績の好調さを支えた[6]。

　また、この記事によると、6月からの新たな出資法の施行により、大手のひとり勝ちであり、中小消費者金融会社は廃業に追いやられる傾向にあることも示唆している。

　以上のように、消費者金融会社はここまで顕著に業績を伸ばしてきたのであった。

　しかし、消費者金融業者が利益をむさぼることができたのは、グレーゾーン金利を巧みに利用した結果であり、その裏では、「多重債務者」や「自己破産者」の救済、あるいは減少という結果にはつながらず、逆にその数を増

表7-2　消費者金融大手4社の3月期決算（単体）

	貸付金残高	営業収益	経常利益
武富士	14922(11.3)	3709(10.1)	2039(13.3)
アコム	13477(11.7)	3417(10.1)	1427(12.0)
プロミス	11005(12.7)	2649(11.2)	1030(16.8)
アイフル	10010(19.5)	2385(16.4)	850(23.5)

注：単位は億円、億円未満は切り捨て。カッコ内は対前期比増減率（％）。
出所：『朝日新聞』2000年5月12日付をもとに作成

加させてしまうという皮肉な結果となってしまったのである。

　実際に、貸金業関係での「自己破産者」は、1990年には8,388人であり、2000年にはその人数は110,964人と約13倍に急増したのである[7]。

2-3　消費者金融へ銀行参入

　これほどまで消費者金融業界で、利益が発生してくれば、信用度の高い「銀行」としては、これはおいしい市場として見逃すはずがない。この時期（2000年以降）から、当時のさくら銀行や三和銀行などが相次いで消費者金融市場に本格的に参入しだした。例えば三和銀行はプロミスと組んで、無担保で小口の個人向けのローン会社「モビット」を設立した。このような要因の1つとして2000年6月1日より出資法の上限金利が、29.2％へ引き下げられたこともあげられる。

　ところで、このような銀行による消費者金融市場への参入は、消費者金融会社の持つ顧客の属性分析のノウハウと銀行の持つ信用力が強力な戦力になるからである。銀行にとっては消費者金融のプロと手を組むことによって、新規の顧客の審査の際の手間やコストのかかる小口のローンを速やかに実行できるというメリットが発生する。貸付枠は300万円までで、金利は年率15％から18％と消費者金融会社と銀行のほぼ中間に設定している。

　これまで、銀行などの民間金融機関の個人向けローンは、1994年まで消費者金融会社の消費者ローンを大きく上回ってきていた。しかし、1995年

にはこれが逆転して、2005年には民間金融機関では40,458億円、消費者金融会社では104,194億円とほぼ2倍以上となっている。このことが銀行の消費者金融市場への参入の大きな要因となっているといえよう。

3　改正貸金業法と消費者金融業者

3-1 ▎消費者金融の2つの法律

　いわゆるサラ金問題発生後、消費者金融に関する法律は、1983年「貸金業の規制等に関する法律」および「出資の受け入れ、預り金及び金利等の取締りに関する法律」という2つが成立し、前者は貸金業規制法といわれる。同法第1条において「この法律は、貸金業を営む者について登録制度を実施し、その事業に対して必要な規制を行なうとともに、貸金業者の組織する団体の適正な活動を促進することにより、その業務の適正な運営を確保し、もって資金需要者の利益の保護をはかるとともに、国民経済の適切な運営に資することを目的とする」と規定されている。後者は、改正出資法といい、1954年から採用されてきた出資法の上限金利109.5％を73％へ引き下げたものである。この貸金業規制2法は、貸金業者である消費者金融業者、クレジットカード、信販会社、事業者金融・質屋、リースなどに適用されている。

　また、商工ローン問題発生後、2000年6月1日に施行された貸金業規制法は、出資法の上限金利を29.2％とするもので、消費者金融に関しては、無担保・無保証で50万円まで、または年収の10％まで貸し付けるというものであった。

3-2 ▎2006年の改正貸金業法

　2006年12月13日「貸金業の規制等に関する法律の一部を改正する法律」が成立し、同年12月20日に公布された。この改正貸金業法は、最終的には「多重債務問題」を解決するための改正である。

また、2006年の貸金業法改正では、ヤミ金融業者の無登録営業や著しい高金利を課す行為に対して罰則が強化された（改正法第1条、6条）。この改正は公布から1ヶ月を経過した日から施行された。

　改正貸金業法は、公布日から1年以内に定めた日を施行日とした。名称変更された貸金業法では、貸金業者の参入規制、行為規制、監督強化などに関する新たな貸金業法が施行された。これは、貸金業者に対し、取立て、不正、著しく不当な行為の禁止、公正証書、保証人の保護、勧誘などに関して規制を強化するものである。さらに、法規制の実効性を高めるため、業務改善命令が導入され、登録の取消しや業務停止などの行政監督権限が強化されている。

　さらに新たな貸金業法では、3年以内にみなし弁済規定（グレーゾーン金利）を廃止し、出資法の上限金利を現行の29.2％から20％へ引き下げ、出資法の上限金利20％と利息制限法の制限金利（15％から20％）との間の金利での貸付を禁止し、違反者に対して行政処分を行う。いわゆるグレーゾーン金利の廃止である。

　これまでの利息制限法上限20％と出資法の上限（2000年施行）29.2％の差の部分がグレーゾーン金利にあたり、消費者金融業者はこのグレーゾーン金利の部分での貸付から利益をむさぼり、また消費者はこの部分での高金利から多重債務者に陥っていたのである。

3-3　消費者金融会社への影響

　2006年の改正貸金業法の公布から、消費者金融会社への影響は顕著にデータに現れている。2005年における供与額は104,194億円であったが、2006年には供与額は92,703億円、2007年には82,635億円、2008年には58,036億円へと減少し続けている。2008年の供与額は、1994年水準である。前年比でみてみると2006年が12.3％でマイナス1.3％、2007年が10.9％でマイナス1.4％、2008年では7.8％でマイナス3.1％となっている。この状況は、民間金融機関にも同様にあてはまり減少しているが、消費者金融会社ほどの急

激な落ち込みはなく、2008年ではマイナス0.6％、供与額では2007年の24,440億円から2008年の24,282億円である。やはり銀行の信用度の高さがこのような結果をもたらしているものといえるのではないだろうか。

消費者金融業界全体での供与額が減少し続けている中で、2009年に消費者金融会社にさらに拍車をかけているのが、貸付の大幅な絞込みと資金繰りを追い詰める利息制限法の上限を超える「グレーゾーン金利」でとっていた「過払い利息の返還」である。

消費者金融大手アイフルは、2005年9月に債務の返済猶予を求め、私的整理の一種「事業再生ADR（裁判外紛争解決手続き）」に入り、アイフルに続き2005年12月9日武富士も「債務不履行」の状態に入った。大手4社のうち2社が借金返済に窮するという状況となった。

4 改正貸金業法の施行と今後

4-1 2010年の改正貸金業法の完全実施

2010年6月18日から「改正貸金業法」が完全施行された。これは先述したが、この改正法の最終目的は「多重債務者」を減らすことが目的である。

全国情報連絡会のデータによると、借金を重ね返済できなくなる多重債務者は200万人以上存在し、しかも消費者金融の利用者1,400万人のうち、5社以上から借入れがあり、借入れ残額が200万円を超えている人が230万人、さらにこの借入れによる生活苦からの自殺者が、年間約8,000人という深刻な状況にある。

また多重債務者が200万人以上であるのに対し、「自己破産者」は2005年の段階で18万4000人に達している。

したがって、今後「多重債務」から「自己破産」そして「自殺」という構図を何とか断ち切らなければならないことは事実である。

そのための今回の改正貸金業法の施行である。

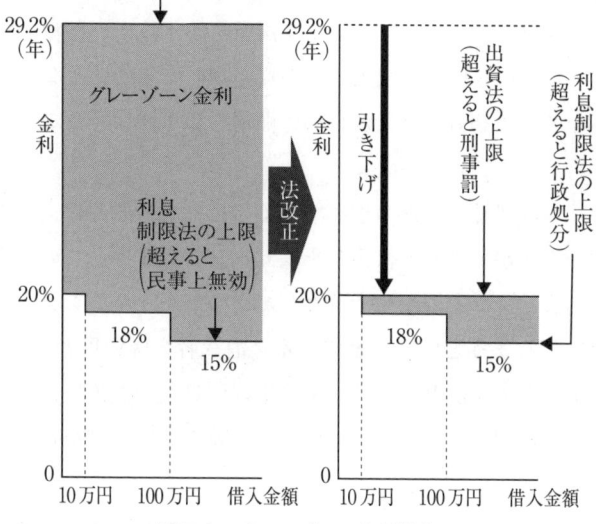

図7-3 グレーゾーン金利撤廃

出所:『朝日新聞』2010年6月23日付

今回の改正の内容は、以下のようである（図7-3を参照）。

① 返済能力を超えた借金をできなくするため、総借入額を年収の3分の1に制限する「総量規制」の実施。ただし、住宅ローン・自動車ローンなどは対象外。

② 専業主婦は、借入れができない。ただし借入れに際し、配偶者の同意書がある場合を除く。

③ 出資法の上限金利を29.2％から利息制限法の20％まで下げ、利息制限法の上限金利15％から20％との間にあった「グレーゾーン金利」を撤廃し、消費者（利用者）の金利負担が軽くなるようにした。

4-2 消費者（利用者）への影響

多重債務に陥ってしまった相談者の主な借入れ目的は、日本クレジットカ

ウンセリング協会の調べによると、第1位に「生活費補填」で58.9%を占め、第2位が「失業・転職・収入減」で50.4%、第3位が「遊興・飲食・交際」で24.6%、第4位が「ギャンブル」で16.4%、第5位が「医療・冠婚葬祭」で15.8%、そして第6位が「収入以上の買い物」で14.9%となっている。

このような多重債務者の借入れ目的の順から以下のようなことが解釈できよう。

第1位の「生活費補填」から理解できるのは、夫もしくは夫婦の収入ではもはや通常の生活ができず、借入れを繰り返してしまう。このようなケースの代表的な例として、主婦が生活費として、ついキャッシングやカードローンに手を出してしまうということである。消費者金融利用者1,400万人のうち半数の約750万人が影響を受け、主に主婦が返済のために、パート・アルバイトをしなければならず、時には風俗店へ頼らなければならないケースも出てきている。

第2位の「失業・転職・収入減」では、この20年に及ぶ不景気がもたらした結果というように理解できよう。バブル経済の崩壊後、失業率は5%(約360万人)を超え、収入の源を失ってしまうケースが現在でも続いており、景気対策が急務であることは間違いない。

第3位の「遊興・飲食・交際」では、無担保・無保証人での小額の融資(キャッシング・ローン)を利用しすぎてしまうケースである。具体的には、カラオケ・レストランであり、最後は気に入った女性あるいは男性に貢いでしまうというものである。

第4位の「ギャンブル」においては、救いようがない。本人の気持ちしだいで改善できる。このような人たちは、一攫千金を狙ってギャンブルにのめり込んでしまうケースである。

第5位の「医療・冠婚葬祭」では、一例として癌などの高度先進治療費の返済のため多重債務者となってしまうケースである。

第6位の「収入以上の買い物」においては、カードによる買い物が簡単にできるからである。「商品先取り代金後払い」にまさに陥ってしまった人た

ちで、金銭感覚の麻痺あるいは支出に対する無計画性、さらには衝動買いなどで多重債務者となってしまうケースである。

　以上のような多重債務者を救済するために、改正貸金業法が施行されたのである。返済能力を超えた借金を抱える多重債務者の多くはグレーゾーン金利という高利での借入れをしており、今後は「過払い利息」の部分の返済請求や、また「総量規制」によって多重債務者の数は減ると期待されている。

4-3 ▎消費者金融業者への影響

　先にも触れたが、大手消費者金融会社4社のうち2社のアイフルと武富士は、債務超過に陥り、さらに改正貸金業法による「過払い利息」の返還請求によって窮地の状態に追いやられた。そして2010年9月、貸金業界第1位の武富士は会社更生法適用を申請し、事実上破綻した。

　消費者金融会社を窮地に追いやることになったのは、「グレーゾーン金利」の撤廃と「過払い利息」の返還であり、各社は返還のための資金が必要となって、一気に経営が悪化する業者が増加したのである。全国の貸金業者の数は、1986年のピーク時には4万7,500社あったが、改正貸金業法の完全施行後の2010年7月には、3,000社あまりに激減した。それは実に10分の1以下である。

　厳しい経営環境が、かつて最大手であった武富士を追い詰めたのは、過去の積極的営業のつけで、営業貸付残高に対する「過払い利息」返還の負担の割合が、大手4社の中で最も多く、2010年3月期までの4年間だけで約4,000億円も、返還しなければならない状況にあった。武富士は、銀行と組まない「独立系」の業者として自由に営業してきた。しかし、2008年のリーマン・ショック以降、社債の発行が難しくなり、銀行のバックアップもないことから資金繰りが悪化した。このような消費者金融業者が、数多く破綻していったのである。

　逆に、三菱UFJフィナンシャル・グループの子会社のアコムや、三井住友フィナンシャル・グループ関連子会社のプロミスといった銀行系は、資金

面での後ろ盾があるため、ライバルの減少によってより有利となる。

4-4 今　　後

　これまでみてきたように、「消費者金融の時代が終末期」にきているのではないかともいわれる状況になったが、現存する消費者金融業者約3,000社のうち、銀行の傘下に入った貸金業者は、今後も生き残っていくことができよう。

　しかし、そうでない「独立系」を維持しようとする中小・零細業者はこの業界から自然にはじき出されていくだろう。

　しかし、日本でだめならば海外でと考え中国へ進出する消費者金融大手業者も存在する。それはプロミスである。プロミスは月収8,000元（約10万円）程度のホワイトカラーの中間層をターゲットに無担保・無保証のローンを「即日審査」で提供し、事実上、最高40％から50％の金利で貸し付ける模様だ。

　他方、消費者金融業者が先述のとおりに急激にその数を減らしてきてしまったこと自体が、消費者（利用者）に多大な影響を及ぼすと推察できる。それは、多重債務者だけでなく、所得の減少などから給料日前の一時的な資金不足を補うために消費者金融を利用してきた人たちの借入先がなくなり、資金繰りに困った人たちが「無登録」の「ヤミ金融」に手を出さざるを得なくなり、法外な金利による融資の恐れがあるのも事実である。

　実際、「ヤミ金融」には、いくつかの種類が存在する。例えば、

① 「登録詐称業者」は、広告の登録番号の表示に架空の登録番号を使用したり、他の貸金業者の登録番号を使用するなどして登録業者を装う無登録業者。

② 「090金融」は、勧誘のチラシに携帯電話の番号と業者名しか書かず、正体を明かさないまま、違法な高金利で小口の融資を行う。

③ 「押し貸し」は、契約もしていないのに勝手に業者から口座に現金が振り込まれ、法外な高金利の利息などを請求される。

④ 「紹介屋」は、あたかも低金利で融資するように思わせて多重債務者

を呼び込み、「あなたの信用状態はよくない。うちでは貸せないので他の店を紹介する」などといって、他の店で借りるよう指示し、そこで借入れした金額の一部を紹介料としてだましとる。
⑤　「整理屋」は、「あなたの債務を整理・解決します」などと広告し、多重債務者から「整理手付金」といった名目で現金を預かり、整理をしないでだましとる。
⑥　「買取屋」は、融資の条件としてクレジットカードで商品を次々と買わせ、それらを定価以下の安い金額で買い取るか、またはさらに高金利で融資する。申込者には、業者への借金の他にクレジット会社への債務が残る[8]。
⑦　「ソフトヤミ金」は、やさしく、取立てもやわらかにして、小口の融資をする。

以上のように悪質な「ヤミ金融」が、多重債務者や新規の消費者金融利用者をてぐすね引いて待ち受けている状態にあるのが実態である。
　多重債務者を救うべく施行された「改正貸金業法」であるが、実際にその数が減ることは期待できよう。
　しかし情報を持たない人々あるいは情報を持っている人でも、以上のような「ヤミ金融」にはまってしまうケースが出てくることも確実である。
　この改正法によって、「ヤミ金業者」にとってはおいしい市場ができたと考えている業者もいる。
　行政側にはこのような「ヤミ金融業者」の横行に対し厳しい対処を望むと同時に、多重債務者に陥る前に、クレジットカウンセリング協会や弁護士会、消費生活センター、司法書士会などへ、相談するべきである。

┃注
(1)　時の政府が広く農民に対して、春先に種籾を貸し付けて、収穫時に米で返済するものであった。社団法人日本クレジット協会「クレジットの歩み」クレジット

通史　第 1 節　http://www.j-credit.or.jp/information/walk.html
(2)　この他に、「借上」や「酒屋」などがある。
(3)　いわゆる二次流通市場を形成している。
(4)　「頼母子講」は、江戸時代後期まで、現在でいう地方金融機関として活躍した。
(5)　『日本の消費者信用統計　'91 年版』社団法人日本クレジット産業協会
(6)　『朝日新聞』2000 年 5 月 12 日付
(7)　また 2003 年には、20 万人を超えている。『日本の消費者信用統計　2010 年版』社団法人日本クレジット産業協会
(8)　『はじめての金融ガイド』金融庁、2007 年

∥引用・参考文献

『朝日新聞』朝刊、2000 年 5 月 12 日、2010 年 6 月 9 日、2010 年 6 月 23 日、2010 年 6 月 24 日、2010 年 9 月 28 日
金融庁『はじめての金融ガイド』2007 年
社団法人日本クレジット協会　http://www.j-credit.or.jp/information/walk.html
関谷喜三郎・関川靖編著『入門消費経済学 2　金融と消費者』慶應義塾大学出版会、2009 年
矢島保男『消費者信用』ダイヤモンド社、1983 年

第8章

市場の予測と「リスク追求」傾向

本章では、市場の予測など合理的な判断がなされていると想定される状況における意思決定の偏り、バイアスを考察する。損失と利得の不確実性を含む状況下での人間の意思決定において、不確定で結果の変動が大きい選択肢を好む「リスク追求」傾向の尺度構成を紹介し、「リスク追求」行動の個人差を測定する枠組みを示す。さらに、尺度に対する回答傾向から潜在的な集団を見出し、より詳細な特徴を明らかにする。

1 プロスペクト理論と「リスク追求」傾向

Kahneman & Tversky (1979) は、期待効用に基づく選択の矛盾を多くの実験を通じて指摘し、期待効用理論 (expected utility theory) に代わるプロスペクト理論 (prospect theory) を提案した。

効用とは、ある結果の主観的、心理的価値であり、得られる結果の望ましさを表現している。不確実な状況の下での意思決定では、選択によって得られる各々の結果の効用と、そのそれぞれの生起確率の重み付き和を計算することで効用の期待値、すなわち期待効用が得られる。ファイナンスの領域などでは、人は期待効用を最大化するように合理的な意思決定を行うと考えられてきた。

これに対してプロスペクト理論では、従来の効用関数とは異なる価値関数 (value function) と、結果の生起確率に対する重みを表現した確率加重関数

(weighting function) が導入される。プロスペクト理論の発展過程では、期待効用に基づく合理的な行動からのバイアスが多数発見されている。この理論は、リスクを伴う不確実性下での意思決定に対する記述的理論として代表的なものである。

　プロスペクト理論の中心的な概念の1つである価値関数は、下の図8-1に示されるような形状となる。

　横軸は客観的な利益と損失（それぞれ右・左方向）を表し、縦軸は価値を表す。軸の交点は参照基準点（reference point）と呼ばれる。一般的に、人間の知覚は絶対評価よりも相対評価において敏感である。つまり、状態よりも変化の方が敏感に判断できる。このとき、利益か損失かという変化を決定する基準が参照基準点である。

　プロスペクト理論における価値関数によって、合理的な意思決定からの逸脱として基礎的である「損失回避（loss aversion）」と呼ばれるバイアスや、「リスク追求‐リスク回避（risk taking‐risk aversion）」といったバイアスを説明することができる。

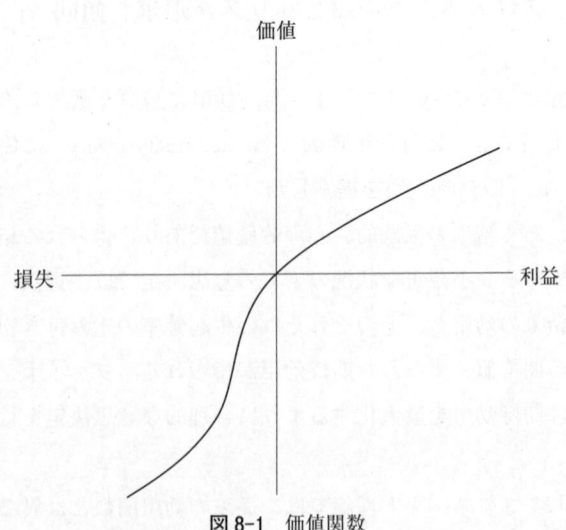

図8-1　価値関数
出所：Kahneman & Tversky, 1979 より再構成

程度が同じであれば、利益よりも損失を強く感じ、敏感に反応するバイアスが「損失回避」である。参照基準点を中心に価値関数は非対称であり、左側の損失曲線は右側の利益曲線よりも急であることから導かれる。
　「リスク追求-リスク回避」とは、損失の領域でリスクを追及し、利益の領域ではリスク回避する反射効果（reflection effect）を生じさせるバイアスである。ここでいうリスクとは、得られる結果の変動の程度を表す。すなわち、損失を被っている場合には、それを取り戻そうと不確実性が高い選択をしやすくなるのに対して、利益が得られている状況では、曖昧さの少ない確実な選択を好む。そもそも利益の領域では、不確定な利益よりも確定的な利益を重視する確実性効果（certainty effect）と呼ばれる傾向が存在する。しかし、損失の状況では、逆に確実性が避けられるのである。
　このように、反射効果とは、損失と利益の領域において、同一人物内で行動が正反対になることを表している。図8-1に示されるように、価値関数は参照基準点の上で凸型（concave）であり、参照基準点の下で凹型（convex）であるようなシグモイド関数である。このために生じる感応逓減（decreasing sensitivity）によって反射効果は説明される。
　例えば、次のような質問を考える。
　「あなたは、会社の増収増益謝恩パーティーの余興会場の入り口で、2万円の臨時ボーナスをもらった。あなたは、さらに2つのコースのうちどちらかを選べることになった。どちらを選ぶか。
　　A：5000円確実にもらえる
　　B：2万円あたる確率が25％、はずれ（0円）の確率が75％のくじ」
　この質問には、Aと回答する人が多くなる。確実に5000円が獲得できる選択肢Aの期待値は当然5000円であるが、2万円が25％の確率であたる選択肢Bの期待値も5000円である。しかしながら、参照基準点より上（以下「参照点上」と略記）での利益領域の枠組みで質問しているので、確実性効果が働き回答がリスク回避的になりやすい。
　次に、質問を次のように変える。

「あなたは、会社の増収増益謝恩パーティーの余興会場の入り口で、4万円の臨時ボーナスをもらった。その代わりにあなたは、2つのコースのうち、どちらかを選ばなければならない。どちらを選ぶか。
　A：15000円確実に没収される。
　B：2万円没収される確率が75％、まったく没収されない確率が25％のくじ」

この質問では、選択肢AとBの期待値が同じばかりでなく、経済的には前問とまったく同じ結果となるにもかかわらず、参照基準点より下（以下「参照点下」と略記）での損失領域の枠組みで質問しているので、Bと回答する人が多くなる。反射効果により回答がリスク追求的になるためである。

市場参加者は、市場の予測のために、ファンダメンタル分析によって経済要因の影響を研究したり、早期のトレンドを発見し、柔軟に対応するべく一連の道具立てを駆使してテクニカル分析を行ったりしている。しかし、金融市場などの参加者は、さまざまな行動様式を示す。感情的な要因で行動することも多い。合理的経済仮説では説明できない市場の非合理性であるアノマリー（anomaly）と呼ばれる現象も観測されている。人間の行動を重視し、人間は必ずしも合理的な裁定取引（arbitrage）を行っていないことを考慮した理論が行動ファイナンス（behavior finance）である。

行動ファイナンスは、人間が限定的にしか合理的な意思決定をせず、むしろ自分にとって満足のいく判断に基づいているかを重視していることを指摘する。検索容易性（availability）ヒューリスティクスと呼ばれる思考の節約も、その代表例である。人間は利用可能なすべての情報を用いて意思決定を行っているとは限らない。むしろ、厳密な正確性は犠牲にしても、経験による勘や発見的な方法で納得できる解を得ることの方が多い。これは、人間の思考の長所でもあるが、偏った判断につながる可能性もある。次のような質問では、選択肢Aと回答する人が多い。

「英単語のうちrではじまる単語と、3番目にrがくる単語はどちらが多いか。

A：rではじまる単語が多い
　　B：3番目にrがくる単語が多い」
　実際は3番目にrがくる単語の方が多い。しかし、rが3番目に位置するような単語はなかなか思いつかない。一方、rからはじまる単語は想起しやすい。検索容易性ヒューリスティクスとは、頻度や確率に関する判断が、記憶から検索されやすいかどうかに影響を受けることをいう。このような人間行動の特徴を考慮に入れた行動ファイナンスでは、市場参加者の予想は必ずしも正しくなく、非合理的とも捉えられるような意思決定を行うことを想定する。
　しかし、合理的経済人を前提にしない行動ファイナンス理論においては、プロスペクト理論に従う理想的な個人を仮定している。つまり、人間行動の一般法則の定立を目指し、状況変数と経済行動との関係を研究している。例えば、これまでの研究では、金額が大きくなる状況で、対象に対する知識が欠如すると、参照点上ではリスク回避傾向が大きくなる、といったような状況変数による説明がなされてきた。
　それに対して、豊田・川端・中村（2007）では、アノマリーの原因変数として状況変数ではなく、個人特性としての「リスク追求」の次元に注目し、参照基準点より下でリスク追求しやすい人間と、追求しない人間の個人差を測る次元を抽出している。
　「リスク追求」の次元の存在を確認し、その特性を尺度化することができれば、応用的にきわめて有益である。プロスペクト理論で論じられることの少ない「リスク追求」行動の個人差を研究する意義は、過度の「リスク追求」を行う人は、そうでない人よりも利得が少なく損失が多いため、不幸になる可能性が高く、適切な教育やアドバイスを行う可能性が開けることにある。
　例えば、株式投資において「利益の確定はゆっくり行い、損切りはすばやくすべきである」ことの重要性は理解していても、ついつい「わずかな利益を確定し、塩漬けをいつまでも抱えてしまう」投資家は少なくない。あるいは負ければ負けるほど、リスクの高い賭けを選んで一発逆転を狙い、結果と

して破滅的な破産をしてしまうギャンブラーも決して珍しくない。このような人々は、参照基準点の下において典型的な「リスク追求」のアノマリー行動をとり過ぎる。もし個々人の「リスク追求」度を測定できるなら、将来に破滅的な経済行動をとりそうな個人に対してファイナンシャル・アドバイスをしたり、行動矯正教育を行う可能性も開けるだろう。

本章では、まず、「リスク追求」傾向そのものの尺度化の試みを紹介する。「リスク追求」の次元にはプロスペクト理論では予測できない以下のような3種類の仮説があり、その性質を特定することは個人差の記述にとって必須であるといえる。

① 「参照点上」と「参照点下」の四分相関係数がゼロの場合。

「リスク追求」の個人特性の次元は確認されない。「リスク追求－リスク回避」の行動は、集団特性として、参照基準点の上と下で明確に観察されるのみ。個人特性の次元は確認できないので測定できない。

② 「参照点上」と「参照点下」の四分相関が負の場合。

参照基準点の下で「リスク追求」しやすい個人ほど、参照基準点の上で、「リスク回避」しやすい。つまり「リスク追求－リスク回避」というセットの行動を起こしやすい程度という次元の存在が示唆される状態である。

③ 「参照点上」と「参照点下」の四分相関が正の場合。

参照基準点の下で「リスク追求」しやすい個人ほど、参照基準点の上ですら「リスク追求」しやすい。つまり参照基準点の下で「リスク追求」の困難度が低く、参照基準点の上では「リスク追求」の困難度が高いという特性である。参照基準点の下でも上でも「リスク追求」を起こしやすいか否か、という次元の存在が示唆される状態を示す。なお、困難度とは古典的テスト理論における通過率に相当する項目の難易度に関する指標である。通過率が集団における正答率を示すのに対して、困難度は特定の特性値を持つ人々の正答確率を表現する。

仮説2と仮説3をたとえ話で区別するならば、「熱しやすく冷めやすい」

次元と「熱しやすく熱中し続けやすい」次元のどちらが存在するかという問題である。また主として「リスク回避」でなく「リスク追求」に着目する理由は、応用的に必要とされる度合いが高いためである。本章では、カテゴリカル因子分析を用いて、上述の問いに対する安定的な回答を探し、その結果に基づき項目反応理論を用いて尺度化を行う方法を紹介する。

2　データの収集と尺度化

　行動ファイナンスの研究領域で検討されてきた代表的なバイアス問題を質問項目とした。オリジナルの項目を作成せずに典型的な項目を利用する理由は、抽出された因子の内容妥当性を高めるためである。選ばれたバイアス問題は後述する9項目である。これらの項目は「リスク追求」という次元の測定を鑑みて、リスク追求のアノマリーに関与すると考えられる項目である。

　回答は東京都内で心理学を専攻する私立大学生424名（男性229名、女性195名、平均年齢は21.26歳）から得られた。分析には欠測がみられた23名のデータを削除した401名分のデータを用いた。

　後述する9項目を1つずつ調査対象者手前のコンピュータディスプレイ、または教場前部に設置されたスクリーンにプロジェクターによって表示した。また実験者が質問文を朗読する制限時間法を採用し、質問間で10秒の間隔を設けた。刺激の提示はまずQ1、Q3、Q5、Q7が実施され、10分間のインターバルの後、Q2、Q4、Q6、Q8、Q9を提示するという計画で行った。また最初の項目群への回答は、2回目の回答の際には参照できないように伏せさせた。

　最初に9個の項目に関する回答比率を確認する。これら9項目は先行研究において、回答パタンに一貫してバイアスが生じることが報告されているものである。尺度化を試みる「リスク追求」次元は一貫したバイアスが得られる項目群を1つに束ねる構成概念である。したがって、調査対象者に実施して得られる回答パタンが先行研究と類似したものでなければ、「リスク追求」

次元を本項目群が妥当に捉えたことにはならない。そこで、尺度化の手続きの前提として各項目の回答比率をそれぞれ算出し、実際にバイアスが確認できるか、またそれは参照基準点の観点から説明が可能であるか否かを確認する。

　回答比率の確認によって先行研究同様にバイアスが確認されたならば、次に次元性を仮定できるかを項目間の四分相関係数によって確認する。ここで前述した3つの仮説の中で、手元のデータがどのケースにあてはまるかを検討する。そして次元性が確認されたならば、探索的カテゴリカル因子分析によって「リスク追求」因子を抽出する。1次元性の確認もここでなされる。最後に得られた因子に関して、2母数ロジスティックIRTモデルにより尺度を構成する。

3　基礎的な分析

　最初に、得られた回答パタンが先行研究と同様に、一貫したバイアス傾向を示すかを確認する。以下は実際に調査対象者に提示された項目であり、またその結果得られた回答パーセンテージが併記されている。

　Q1：軍隊問題1
　　あなたは600人の兵士を率いる軍隊の司令官である。いま数にまさる敵軍に接近されており、あなたが兵士を安全に誘導しなければ、600人全員が死ぬ。そのため2つのルートのうち1つを選ばなければならない。どちらを選ぶか。
　　　A：ルートA：200人だけは助かる。（144名、35.91％）
　　　B：ルートB：600人とも助かる可能性は3分の1、1人も助からない可能性が3分の2。（257名、64.09％）

　兵士が死ぬという損失状況での価値判断であるので、プロスペクト理論の観点からは参照点下における価値判断を求められていることになる。選択肢Aがリスク回避的であり、選択肢Bがリスク追求的であるので、調査対象者

の過半数がリスク追求型の回答を行っていたことになる。

Q2：軍隊問題2

あなたは600人の兵士を率いる軍隊の指令官である。いま数にまさる敵軍に接近されており、あなたが兵士を安全に誘導しなければ、600人全員が死ぬ。そのため2つのルートのうち1つを選ばなければならない。どちらを選ぶか。

A：ルートA：400人が死亡する。(117名、29.18%)

B：ルートB：1人も死亡しない可能性は3分の1、600人死亡する可能性が3分の2。(284名、70.82%)

Q1同様に損失状況での意思決定であり、プロスペクト理論の観点から、判断は参照点下で行われたこととなる。また選択肢の記述がQ1と比較すると否定的であることがわかる。選択肢Aがリスク回避的であり、選択肢Bがリスク追求的である。Q1の回答比率と比較すると、回答がよりリスク追求的になっている。Kahneman & Tversky（1979）による先行研究の結果と合致するものとなった。

Q2では"死亡する"という表現が用いられているから、参照基準点よりもかなり下での価値判断が求められているということになる。またQ1は参照基準点の下ではあるが、より原点に近い点での価値判断を求めていることになる。

Q3：参照基準点問題1

あなたは、会社の増収増益謝恩パーティーの余興会場の入り口で、2万円の臨時ボーナスをもらった。あなたは、さらに2つのコースのうちどちらかを選べることになった。どちらを選ぶか。

A：5000円確実にもらえる。(242名、60.35%)

B：2万円あたる確率が25％、はずれ（0円）の確率が75％のくじ。

(159名、39.65%)

Kahneman & Tversky（1979）によるバイアス問題である。両方の選択肢において、利益が見込める参照点上での価値判断である。選択肢Aがリスク

回避的であり、選択肢Bがリスク追求的である。ここでは調査対象者の過半数が損失を避け、確実に利益を求めたことが明らかである。

Q4：参照基準点問題2

あなたは、会社の増収増益謝恩パーティーの余興会場の入り口で、4万円の臨時ボーナスをもらった。その代わりにあなたは、2つのコースのうち、どちらかを選ばなければならない。どちらを選ぶか。

A：15000円確実に没収される。(94名、23.44%)

B：2万円没収される確率が75％、まったく没収されない確率が25％のくじ。(307名、76.56%)

角田（2001）によるバイアス問題である。参照基準点問題1とは異なり、両方の選択肢において損失が見込めるため、参照点下での価値判断となる。選択肢Aがリスク回避的であり、選択肢Bがリスク追求的である。参照点上での判断とは異なり、4分の3もの調査対象者がリスク追求型の回答を行ったことになる。

Q5：大穴本命バイアス1

あなたは以下の2つのくじのどちらを引きたいか。

A：確率45％で100万円あたり、外れれば何ももらえないくじ。(66名、16.46%)

B：確率90％で50万円あたり、外れれば何ももらえないくじ。(335名、83.54%)

角田（2001）によるバイアス問題である。この問題では両選択肢で利益が見込めるので、参照点上での価値判断が求められている。選択肢Aがリスク追求的であり、選択肢Bがリスク回避的である。参照点上での価値判断では、回答がリスク回避型になるという先行研究の結果と合致している。

Q6：大穴本命バイアス2

あなたは以下の2つのくじのどちらを引きたいか。

A：確率0.1％で100万円あたり、外れれば何ももらえないくじ。(338名、84.29%)

B：確率0.2％で50万円あたり、外れれば何ももらえないくじ。(63名、15.71％)

　大穴本命バイアス1と同様、参照点上での価値判断である。選択肢Aがリスク追求的であり、選択肢Bがリスク回避的である。調査対象者の大半がリスク追求型の回答を行っていた。価値関数による説明がつかない項目であった。

　Q7：大穴を好む傾向
　　以下の2つのうち、あなたはどちらを選ぶか。
　　A：0.1％の確率で6000円あたる。(346名、86.28％)
　　B：0.2％の確率で3000円あたる。(55名、13.72％)

　Allais (1953) によるバイアス問題で、参照点上での価値判断である。選択肢Aがリスク追求的であり、選択肢Bがリスク回避的である。調査対象者の大半はリスク追求型の回答を行っていた。価値関数による説明がつかない項目であった。

　Q8：本命を好む傾向
　　以下の2つのうち、あなたはどちらを選ぶか。
　　A：45％の確率で6000円あたる。(146名、36.41％)
　　B：90％の確率で3000円あたる。(255名、63.59％)

　Allais (1953) によるバイアス問題である。大穴本命バイアス1と同様、参照点上での価値判断であり、調査対象者の過半数がリスク回避的な回答を行っており、価値関数による説明が可能である。

　Q9：期待値が大きい選択肢を選ぶ傾向
　　以下の2つのうち、あなたはどちらを選ぶか。
　　A：20％の確率で4000円あたる。(320名、79.80％)
　　B：25％の確率で3000円あたる。(81名、20.20％)

　同じくAllais (1953) によるバイアス問題である。大穴本命バイアス1と同様に、参照点上での価値判断である。調査対象者の過半数が期待値は大きいが当選確率が低いといった、リスク追求的な回答を行っていた。

以上が項目の比率である。ほとんどの項目において、調査対象者の集団は参照点上ではリスク回避的行動を、参照点下ではリスク追求的行動を選択するという傾向がうかがえた。それぞれの項目で得られたバイアスは先行研究の結果と合致しており、プロスペクト理論における価値関数を用いた説明が可能である。また、Q6、Q7は他の項目のように価値関数だけでは説明ができないが、プロスペクト理論における、非常に低い確率は過大評価され、中程度の確率は過小評価されるという加重関数（Kahneman & Tversky, 1979）によって説明が可能であり、かつ先行研究において同様の結果が得られている。

　以上から、データではほぼすべての項目で先行研究と同様の回答傾向が得られた。またプロスペクト理論の観点から、理論的に妥当な説明が可能であった。

　回答がプロスペクト理論によって説明されうる一貫したバイアス傾向を持つことが確認されたので、次に次元性を仮定できるかを確認するために、四分相関係数の検討を行う。

　相関係数を算出し、相関行列を参照するとQ1からQ4内の相関はすべて正、Q5からQ9内の相関はすべて正、Q1からQ4とQ5からQ9間の相関はすべて負であった。負の相関がみられる項目は、例えばQ1とQ5のように、選択肢のリスク追求とリスク回避の順序が、他の項目と逆になっている項目である。Q1の他に、Q2、Q3、Q4がこのような性質を持つ項目である。ここでQ1とQ2はともに軍隊問題、Q3とQ4はともに参照基準点問題であった。相関行列を参照すると、自身と符号の向きが同じ項目同士の相関はすべて正である。つまりすべての項目において正の相関が観測されたこととなった。この結果は、参照基準点の下でリスク追求しやすい個人には、参照基準点の上ですらリスク追求しやすい傾向が存在するということを示している。36個もの相関係数が例外なく第3の仮説を支持したという事実は、この仮説が非常に安定的な性質であることを示唆している。またこの相関行列により抽出されうる因子が「リスク追求」次元である可能性が示唆されたといえる。

4　探索的因子分析と項目反応理論による尺度化

　四分相関係数の考察によって、9個の項目が「リスク追求」の次元を測定している可能性が示唆された。この可能性の可否を因子的妥当性の観点から検証するために探索的因子分析を行った。探索的カテゴリカル因子分析の結果、第1固有値が3.445、第2固有値が1.593、第3固有値が1.069、第4固有値が0.906であった。また、1因子解での因子パタンを考察すると、因子パタンの絶対値は0.386から0.722の間であり、中程度に大きいことから1次元の構成概念を測定していることが明らかとなった。また因子パタンの符号が逆転している項目は、四分相関における等号の逆転と同様に、選択肢のリスク回避の順序が逆になっている項目であった。

　今回得られた回答比率はプロスペクト理論によって論理的に説明され、さらには次元の単一性が因子分析の結果明らかになったことを踏まえると、この1次元の因子が「リスク追求因子」であることが確認されたといえる。

　著名なバイアス問題からの「リスク追求」次元の抽出は、破滅的なリスクテイカーへの実務的なアドバイスにおいて非常に有益なものである。

　「リスク追求」因子が抽出されたので、次に項目反応理論（Item Response Theory: IRT）による尺度化を行った。因子パタンの方向を揃えたデータに対して、2母数ロジスティックモデルによって、項目困難度、項目識別力をそれぞれ推定した。推定された項目母数をもとに描画された項目特性曲線（item characteristic curve）が図8-2である。

　図8-2の項目特性曲線は、リスク追求的な回答を多くの調査対象者がとった場合に困難度が低下し、曲線の位置が左に移行するという特徴があった。例えば、Q7：大穴を好む傾向では過半数を超える調査対象者がリスク追求的な回答をしているために、曲線の困難度が低い特性値に位置していた。一方Q5：大穴本命バイアス1では過半数を超える335名の調査対象者がリスク回避的な回答をしているために、曲線の困難度が高い特性値（θ）に位置

図8-2 項目特性曲線

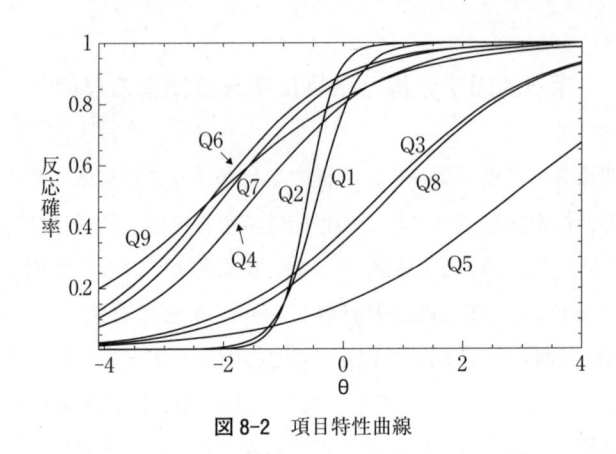

していた。

　Q1とQ2は識別力が1.785、2.508と相対的に大きい値をとっており、図8-2では最も険峻な項目特性曲線として表現されている。参照基準点問題のQ3とQ4に関しては、困難度が0.611と−1.460のように項目間で大きく異なるのに対して、識別力は0.460、0.564と近い値をとっているのが特徴的であった。

　大穴本命バイアスを検出するQ5とQ6においても、困難度に2.830、−1.973と大きな隔たりが確認されており、また識別力は0.364、0.596と軍隊問題、参照基準点問題と比較すると、項目間で識別力の差が大きい結果となった。

　Q7：大穴を好む傾向と、Q8：本命を好む傾向は本命大穴バイアスQ5、Q6に関連した項目である。Q7は加重関数によって説明される項目であり、小さい確率が過大評価される。設問がQ6とほぼ同様であるため、識別力、困難度ともにQ6に類似した項目となっていた。このことはQ6とQ7の回答比率が同様であることからも確認できる。一方Q8は、Q5と設問内容がほぼ同じであったが、困難度において大きな隔たりがみられた。またQ9は上記の項目のいずれにも関連していないが、困難度、識別力の観点からQ6、Q7と近い性質を持った項目であることが明らかになった。

「リスク追求」傾向を測定するための9つの項目群に関して、困難度において性質が大きく異なるものの、識別力に関しては概ね等しい項目が多数存在することが明らかになった。特に軍隊問題のQ1、Q2や参照基準点問題Q3、Q4では、参照点上であるか参照点下であるかというフレームの違いによって、回答のリスクに対する向性が変化した。プロスペクト理論では回答に及ぼすフレームの影響を、フレーム効果（framing）と呼んでいる（Tversky & Kahneman, 1981）。フレーム効果の理論からは、識別力に関していえばQ1とQ2、Q3とQ4は、それぞれ互いに等質な項目であるが、フレーム効果が生じたために、回答に大きなバイアスが生じ、結果として困難度に隔たりが生じたと判断することができる。実際に困難度の隔たりが顕著な、参照基準点問題Q3とQ4の項目特性曲線ならびに、項目母数を参照すると、参照点上で質問しているQ3の方が、参照点下で質問しているQ4よりもはるかに困難度が高く、Q3ではよりリスク追求の特性値が高い調査対象者でないとリスク追求的な回答を行わないことが明らかである。言い換えるならば、参照点下では大半の調査対象者の回答が、フレームの影響を受けリスク追求的になり、そのため困難度が低くなると解釈することができる。この傾向は軍隊問題Q1、Q2においても同様に確認できる。

　また、識別力が軍隊問題の2項目、参照基準点問題の2項目内でそれぞれ類似しているのは、フレームが異なるだけで問題の本質はまったく同等であるという性質が反映されたためと考えることができる。

　Q5とQ6は価値関数によって説明される項目と、加重関数によって説明される項目である。フレーム効果は価値関数だけではなく、加重関数によっても説明されうる効果であるため、項目ごとに異なる関数が機能するというフレームを仮定するならば、Q5とQ6の項目困難度における大きな隔たりもフレーム効果によって説明できる。また問題の構造も本質的に異なるので、軍隊問題や、参照基準点問題のように識別力が類似するという結果がみられなかったと解釈することができる。

　Q7はQ6とほぼ同様の項目母数を持っていた。設問内容、回答比率とも

に類似していたことからも、項目の性質が非常に似ていることが確認された。Q6の方が項目困難度がやや低いが、これはQ6では賞金の金額が大きく、調査対象者集団がよりリスク追求的な回答を行ったためと解釈することができる。またQ8とQ5は設問がほぼ同じであり、識別力においても類似していたが、困難度に大きな隔たりがみられた。この点に関してもQ5では賞金の金額が大きく、調査対象者集団がよりリスク回避的な回答を行ったためと解釈することができる。以上からQ7、Q8もフレーム効果によって解釈が可能であるということが明らかとなった。

Q9は困難度、識別力ともに非常に小さく、識別性のきわめて低い容易な項目であることがわかる。賞金金額をより大きくすれば、解釈上より有用な項目になると考えられる。

5　潜在クラスを仮定した分析

混合分布項目反応モデルでは、回答者群に対して下位集団を想定する。しかし、集団は認知的特性や回答傾向のような直接観測できない違いによって分割されており、想定される下位集団が潜在的なクラスである状況を考える。各回答者が下位集団のうちのいずれに属するかは事前には不明であり、下位集団の数もまた不明である。

潜在クラスによる分析の結果、下位集団として2つの集団を見出した。クラス1には60.4％、クラス2には39.6％の調査対象者が分類された。

クラス1とクラス2の特徴の違いは、Q5とQ6、Q7の項目母数に現れた。クラス1において、Q6とQ7の識別力が高い結果となった。この2つの項目は、当選確率が0.1％、0.2％と低いことで共通する項目であり、潜在クラスを仮定しない通常のIRTの分析でも同様の項目母数を示した項目であった。通常のIRTでは、特別高い識別力ではなかったが、潜在的な集団の特徴を示す項目である可能性が示唆された。困難度の値から、リスク追求的な行動をややとりにくい傾向を示す調査対象者集団において、リスク追求型である

か否かの境界となるような項目であると考えられる。

　一方、クラス2の特徴は、項目の困難度に表現されている。クラス2では、Q5の困難度がクラス1に比べて低い。通常のIRTでの困難度と、クラス1の困難度を考慮すると、Q5の困難度が低いということは、非常に強いリスク追求傾向を示す下位集団であることが示唆される。また、クラス2では、Q6の困難度が非常に低いのに対して、Q7の困難度が高い。低確率では共通しているQ6とQ7は、Q6の賞金が100万円か50万円、Q7の賞金が6000円か3000円かという違いのみである。Q5の賞金も同様に100万円か50万円かであることを考えると、賞金額の大きさに強く反応し、過度にリスク追求的な行動を示す集団である可能性がある。

　事後確率からクラス2に所属すると判断された調査対象者は4割存在する。潜在クラスによる分析は、別のデータや潜在クラスとそれを予測するような他の変数との関連の分析などと合わせて、さらなる検討が必要であろう。

　本章では、行動ファイナンスや意思決定の心理学の領域において代表的なバイアス質問を利用した尺度構成を紹介し、潜在クラスを想定した分析から、より詳細な個人差の考察を試みた。

　項目への回答比率の分析から、ほとんどの項目がプロスペクト理論によって説明が可能であることが明らかになり、項目間の四分相関係数の検討により項目が測定している尺度が「リスク追求」の次元であることが明らかにされた。参照基準点の下で「リスク追求」しやすい個人ほど、参照基準点の上ですら「リスク追求」しやすいという知見が得られたといえよう。潜在クラスを考慮した項目反応モデルや、他の属性データを予測変数とする拡張モデルを利用することで、過度にリスク追求的な意思決定をしやすい個人を、より正確に測定することが期待できる。

∥引用・参考文献

Allais, M., "Le comportement de l'homme rationnel devant le risque: critique des postulats et axiomes de l'ecole americaine", *Econometrica*, 21, pp. 503-546, 1953.

Kahneman, D. & Tversky, A., "Prospect theory of decision under risk", *Econometrica*, 47, pp. 263-291, 1979.
Tversky, A. & Kahneman, D., "The framing of decisions and psychology of choice", *Science*, 211, pp. 453-458, 1981.
奥田秀宇『意思決定心理学への招待』サイエンス社、2008 年
加藤英明『行動ファイナンス―理論と実証―』朝倉書店、2003 年
角田康夫『行動ファイナンス―金融市場と投資家心理のパズル―』社団法人金融財政事情研究会、2001 年
坂上貴之編『意思決定と経済の心理学』朝倉書店、2009 年
豊田秀樹・川端一光・中村健太郎「プロスペクト理論における『リスク追求』傾向の IRT による尺度化の試み」『教育心理学研究』55 (2)、161-169 頁、2007 年

第9章

労働者派遣市場と派遣労働者活用の再考

1　はじめに

　労働者派遣事業は、1986年に労働者派遣事業の適正な運営の確保及び派遣労働者の就業条件の整備等に関する法律（労働者派遣法）が施行されて以来、数回の法改正を経て派遣対象業務がポジティブリスト方式からネガティブリスト方式に変更されるなど労働分野における規制緩和の象徴的な存在とみなされてきた。その結果、労働者派遣市場は拡大し、2008年度の派遣労働者数[1]は約399万人に達した。しかし、2008年9月の「リーマン・ショック」以降、急速な景気後退が労働者派遣市場にも大きな影響を与えたことは周知のとおりであり、2009年度の派遣労働者数は約302万人（対前年度比24.3％減）[2]へと大幅に減少し、日本人材派遣協会の調査によると2010年度においても減少傾向は続いている[3]。

　一方で、2008年11月および2010年3月には労働者派遣法の改正案が閣議決定を経て国会に上程されているものの、2010年12月時点において成立・施行に至ってはいない。つまり、これまで対象業務の拡大と歩調を合わせるように拡大してきた労働者派遣市場であるが、今回の市場の縮小は、法的な規制とは必ずしも軌を一にしているわけではない。ここに労働者派遣市場が内在的に抱えている問題があると捉え、本章において考察する。

2　労働者派遣市場をめぐる今日的状況

　人材派遣業界の大きな転換点は、「改正労働者派遣法」が1999年12月1日に施行されたことであろう。それまでにも1990年の政令改正、1996年にも法改正が行われているが、労働者派遣法を根本から見直した改正といえる。具体的には、派遣の適用対象業務が原則自由化されたことであり、適用対象業務として専門性の高い26業務（専門26業務）を指定したポジティブリスト方式から、適用除外業務以外は原則的に自由化するネガティブリスト方式への転換であった。ただし、当時は自由化業務の派遣受入期間は1年間に制限されていた。この当時の状況は、「人材派遣業界のみならず、広く産業界さらには働き方に多様な選択肢を求める多くの人々にとっても待ち望まれた改革」[4]ともいわれるように自由化された2000年度以降、派遣労働者数は加速度的に増加することになる（表9-1）。その後も、2000年には紹介予定派遣制度施行、2004年には自由化業務の派遣受入期間を1年から3年へ延長（派遣先労働者の過半数代表者等の意見聴取必要）、専門26業務の派遣受入期間の3年制限の撤廃、雇用契約申込義務の新設、そして製造業務の派遣解禁（派遣受入期間の上限は1年、2007年からは3年を上限）と労働者派遣事業にかかる規制の緩和が続けられてきた。

　その背景について派遣労働を構成する三者の立場から指摘しておきたい。

　第1に、労働者に起因する要素として、労働市場における正規従業員としての雇用機会が減少してきたことである。バブル経済の崩壊前の1990年には2.1％であった完全失業率（年平均）は1999年には4.7％（年平均）へと上昇し、この間に非正規従業員は881万人から1225万人へと増加し、雇用者に占める非正規従業員の比率は20.2％から24.9％へと増加傾向にあった[5]。特に15～24歳および25～34歳の非正規従業員比率の上昇率は高く、正規従業員としての雇用機会が縮小する中で、社会的にも新たな就業スタイルとして認知され、広がりをみせてきた。

表 9-1　派遣労働者数の推移

(単位：人)

		1999年度	2000年度	2001年度	2002年度	2003年度	2004年度	2005年度	2006年度	2007年度	2008年度	2009年度
一般	①常用雇用労働者数	112,856	137,392	157,450	187,813	236,519	274,813	455,782	645,767	741,644	844,789	659,970
		54.8%	21.7%	14.6%	19.3%	25.9%	16.2%	65.9%	41.7%	14.8%	13.9%	-21.9%
	②常用雇用以外の労働者数（①以外、常用換算）	218,787	264,220	313,535	354,824	368,234	469,034	626,200	651,687	727,512	806,317	614,738
		35.7%	20.8%	18.7%	13.2%	3.8%	27.4%	33.5%	4.1%	11.6%	10.8%	-23.8%
	③登録者数	892,234	1,113,521	1,449,352	1,791,060	1,986,974	1,844,844	1,933,982	2,343,967	2,795,999	2,811,987	2,060,756
		19.0%	24.8%	30.2%	23.6%	10.9%	-7.2%	4.8%	21.2%	19.3%	0.6%	-26.7%
特定	④常用雇用労働者数	62,859	135,451	141,111	150,781	138,887	146,387	156,850	220,734	274,710	332,230	298,795
		-13.6%	115.5%	4.2%	6.9%	-7.9%	5.4%	7.1%	40.7%	24.5%	20.9%	-10.1%
合計	派遣労働者数 ①+③+④	1,067,949	1,386,364	1,747,913	2,129,654	2,362,380	2,266,044	2,546,614	3,210,468	3,812,353	3,989,006	3,019,521
		19.3%	29.8%	26.1%	21.8%	10.9%	-4.1%	12.4%	26.1%	18.7%	4.6%	-24.3%
	常用換算労働者数 ①+②+④	394,502	537,063	612,096	693,418	743,640	890,234	1,238,832	1,518,188	1,743,866	1,983,336	1,573,503
		28.5%	36.1%	14.0%	13.3%	7.2%	19.7%	39.2%	22.5%	14.9%	13.7%	-20.7%

注：下段は、対前年度増減率。
出所：厚生労働省「労働者派遣事業の事業報告の集計結果」各年より著者作成

第9章　労働者派遣市場と派遣労働者活用の再考　153

第2に、派遣先に起因する要素として、事務業務のルーティン化と総額人件費の抑制である。前者については情報機器が普及し、オフィスにおける事務作業の標準化が進行したことである。派遣業務としての「事務用機器操作」（4号業務）は労働者派遣法施行以来、中核的な業務として機能してきた。「専門26業務」に限ると1989年度以降、派遣労働者数の最も多い業務であり、2009年度（6月1日現在）においては約42万人が派遣され、派遣労働者の約半数（46.6％）を占める。これは、1990年代後半からの企業の一般職採用の減少に伴う女子学生の就職難とも関係する問題ともいえる。後者については、1990年代後半の企業のリストラクチャリングの進展がみられる時期に強く意識されるようになってきたものである。具体的には、固定費としての正社員の雇用を削減し、景気変動に柔軟に対応するために非正規従業員を増加させてきた。なかでも派遣労働者については、活用企業にとって「人件費」ではなく「物件費」として処理することができることも、"財務上の"不況に強い企業体質を作り上げることにも貢献してきた。

　第3に、派遣元に起因する要素として、労働者派遣事業の収益源の多くが派遣先企業から支払われる派遣料金に依存することである。派遣元の人材派遣会社から派遣労働者に支払われる賃金は派遣料金から一定割合（20～25％程度）を控除されるが、派遣元の収益を拡大するには、派遣先件数を増加させることが肝要になる。人材派遣業界にとって派遣対象業務の規制撤廃は悲願であった理由はここにある[6]。

　ただし、表9-1から興味深い事実が発見される点は留意すべきであろう。それは一般労働者派遣事業における「常用雇用以外の労働者数」、つまり登録型派遣労働者として稼働している者の割合は55.5％（1999年）から40.7％（2008年）へと低下していることである。

　これまで急速な拡大を続けてきた労働者派遣市場であるが、一転して負の側面が強調されるようになった契機は、2008年9月の「リーマン・ショック」であろう。この当時の雇用状況について、OECD東京センターは以下のように指摘している。

「今回の経済危機に際しては、OECD 諸国と比較すると、日本は厳しい景気後退に見舞われたものの、実は失業に与えた影響は小さかったことが分かる。2009 年第 1 四半期から 1 年間で、日本の実質 GDP は実に 8.4％低下し、OECD 平均の 5.8％低下と比較すると確かに大きい。これに対して雇用量の低下は 0.8％に過ぎず、OECD 平均の 1.7％の半分程度にとどまっている。」[7]

　派遣労働者の状況に目を転じてみると、今回の景気後退に際し、雇用削減の影響を最も大きく受けたことが分かる。総務省「労働力調査」により雇用形態別雇用者数を確認すると、2008 年 4 ～ 6 月から 2009 年 4 ～ 6 月にかけて役員を除く雇用者数は 5181 万人から 5105 万人へ 76 万人減少したのに対し、派遣労働者は 131 万人から 105 万人へと 26 万人減少している。つまり、雇用者数の 3 ％に満たない派遣労働者が「リーマン・ショック」を境とした 1 年間の雇用減少の 3 分の 1 以上を占めていたことになる。

　派遣労働者のみを対象とした厚生労働省の調査を用い、「専門 26 業務」と「製造業務」における状況を分析してみると、異なった側面がみえてくる。なお、以下で使用する数値は各年の 6 月 1 日時点で実働している派遣労働者数について派遣元事業所を対象に調査したものであり、個人調査である労働力調査における数値とは一致しない。

　表 9-2 から「専門 26 業務」についてみると、2008 年から 2009 年にかけて派遣労働者数は 9 万 9613 人減少している。この減少の約 9 割を占めるのが一般労働者派遣事業における「常時雇用以外の労働者」、つまり登録型派遣労働者である。減少した派遣業務の約半数を占めるのが「事務用機器操作」であり、「受付・案内、駐車場等管理」、「テレマーケティング」と続く。一方、一般労働者派遣事業と特定労働者派遣事業における「常時雇用労働者」の減少幅は小さく、一般労働者派遣事業における「事務用機器操作」では、「常時雇用以外の労働者数」は約 5 万人減少したのに対し、「常時雇用労働者数」は約 2.1 万人増加するなど、一部の業務では派遣労働者間の正規代替が観察される。

　次に、2009 年 6 月 1 日時点の自由化業務に従事する派遣労働者数は約 67

表9-2 専門26業務における派遣労働者数（6月1日時点）

(単位：人)

業務	号	年	一般労働者派遣 ①常時雇用労働者数	一般労働者派遣 ②常時雇用以外の労働者数	①+②	特定労働者派遣 ③常時雇用労働者数	合計 ①+②+③
ソフトウェア開発	1号	2009年	31,834	9,052	40,886	53,996	94,882
		増減数(増減率)	-783(-2.4%)	-3,069(-25.3%)	-3,852(-8.6%)	-495(-0.9%)	-4,347(-4.4%)
機械設計	2号	2009年	21,340	3,657	24,997	32,155	57,152
		増減数(増減率)	-5,881(-21.6%)	-1,638(-30.9%)	-7,519(-23.1%)	-3,942(-10.9%)	-11,461(-16.7%)
放送機器等操作	3号	2009年	1,707	419	2,126	2,909	5,035
		増減数(増減率)	-159(-8.5%)	-188(-31.0%)	-347(-14.0%)	415(+16.6%)	68(+1.4%)
放送番組等演出	4号	2009年	2,289	530	2,819	2,625	5,444
		増減数(増減率)	712(+45.1%)	-268(-33.6%)	444(+18.7%)	283(+12.1%)	727(+15.4%)
事務用機器操作	5号	2009年	202,623	197,661	400,284	19,014	419,298
		増減数(増減率)	21,494(+11.9%)	-49,259(-19.9%)	-27,765(-6.5%)	-1,735(-8.4%)	-29,500(-6.6%)
通訳、翻訳、速記	6号	2009年	3,286	2,964	6,250	277	6,527
		増減数(増減率)	670(+25.6%)	-91(-3.0%)	579(+10.2%)	-18(-6.1%)	561(+9.4%)
秘書	7号	2009年	2,818	2,980	5,798	143	5,941
		増減数(増減率)	406(+16.8%)	-427(-12.5%)	-21(-0.4%)	-120(-45.6%)	-141(-2.3%)
ファイリング	8号	2009年	9,251	11,193	20,444	1,333	21,777
		増減数(増減率)	-4,061(-30.5%)	-5,552(-33.2%)	-9,613(-32.0%)	-387(-22.5%)	-10,000(-31.5%)
調査	9号	2009年	1,555	2,199	3,754	610	4,364
		増減数(増減率)	-1,003(-39.2%)	-1,130(-33.9%)	-2,133(-36.2%)	100(+19.6%)	-2,033(-31.8%)
財務処理	10号	2009年	39,824	25,616	65,440	1,217	66,657
		増減数(増減率)	-9,082(-18.6%)	-1,519(-5.6%)	-10,601(13.9%)	-240(-16.5%)	-10,841(-14.0%)
取引文書作成	11号	2009年	11,140	9,825	20,965	1,207	22,172
		増減数(増減率)	-123(-1.1%)	-4,608(-31.9%)	-4,731(-18.4%)	-19(-1.5%)	-4,750(-17.6%)
デモンストレーション	12号	2009年	1,504	2,546	4,050	285	4,335
		増減数(増減率)	-496(-24.8%)	-1,711(-40.2%)	-2,207(-35.3%)	-103(-26.5%)	-2,310(-34.8%)
添乗	13号	2009年	933	4,611	5,544	188	5,732
		増減数(増減率)	113(+13.8%)	-25(-0.5%)	88(+1.6%)	-92(-32.9%)	-4(-0.1%)
建築物清掃	14号	2009年	3,222	2,032	5,254	1,672	6,926
		増減数(増減率)	-106(-3.2%)	163(+8.7%)	57(+1.1%)	-76(-4.3%)	-19(-0.3%)
建築設備運転、点検、整備	15号	2009年	4,706	877	5,583	5,809	11,392
		増減数(増減率)	377(+8.7%)	68(+8.4%)	445(+8.7%)	410(+7.6%)	855(+8.1%)
受付・案内、駐車場等管理	16号	2009年	12,853	12,654	25,507	892	26,399
		増減数(増減率)	-2,045(-13.7%)	-7,157(-36.1%)	-9,202(-26.5%)	83(+10.3%)	-9,119(-25.7%)
研究開発	17号	2009年	17,853	9,934	27,787	12,971	40,758
		増減数(増減率)	-3,786(-17.5%)	-3,348(-25.2%)	-7,134(-20.4%)	-101(-0.8%)	-7,235(-15.1%)
事業の実施体制の企画、立案	18号	2009年	2,157	1,012	3,169	1,011	4,180
		増減数(増減率)	-49(-2.2%)	-258(-20.3%)	-307(-8.8%)	-133(-11.6%)	-440(-9.5%)
書籍等の制作・編集	19号	2009年	1,823	2,674	4,497	538	5,035
		増減数(増減率)	-30(-1.6%)	-668(-20.0%)	-698(-13.4%)	38(+7.6%)	-660(-11.6%)
広告デザイン	20号	2009年	1,204	1,594	2,798	248	3,046
		増減数(増減率)	-250(-17.2%)	-274(-14.7%)	-524(-15.8%)	27(+12.2%)	-497(-14.0%)
インテリアコーディネーター	21号	2009年	601	809	1,410	43	1,453
		増減数(増減率)	-33(-5.2%)	-310(-27.7%)	-343(-19.6%)	-67(-60.9%)	-410(-22.0%)
アナウンサー	22号	2009年	90	105	195	51	246
		増減数(増減率)	-8(-8.2%)	5(+5.0%)	-3(-1.5%)	13(+34.2%)	10(+4.2%)
OAインストラクション	23号	2009年	3,519	2,502	6,021	824	6,845
		増減数(増減率)	276(+8.5%)	-514(-17.0%)	-238(-3.8%)	1(+0.1%)	-237(-3.3%)
テレマーケティング	24号	2009年	32,558	31,466	64,024	1,561	65,585
		増減数(増減率)	770(+2.4%)	-6,746(-17.7%)	-5,976(-8.5%)	-157(-9.1%)	-6,133(-8.6%)
セールスエンジニアの営業、金融商品の営業	25号	2009年	2,970	2,229	5,199	2,318	7,517
		増減数(増減率)	-357(-10.7%)	-734(-24.8%)	-1,091(-17.3%)	-89(-3.7%)	-1,180(-13.6%)
放送番組等の大道具・小道具	26号	2009年	126	12	138	120	258
		増減数(増減率)	-116(-47.9%)	-300(-96.2%)	-416(-75.1%)	-101(-45.7%)	-517(-66.7%)
合計		2009年	413,786	341,153	754,939	144,017	898,956
		増減数(増減率)	-3,550(-0.9%)	-89,558(-20.8%)	-93,108(11.0%)	-6,505(-4.3%)	-99,613(-10.0%)

出所：厚生労働省「労働者派遣事業の事業報告の集計結果」（平成20年版、平成21年版）より著者作成

万人であり、前年より約35万人減少している。そのうち製造業務従事者の減少数は約30万人であり、自由化業務の減少分の8割以上を製造業務が占める。製造業務については、2007年3月1日より労働者派遣法附則第5項の改正により、派遣期間が1年間から3年間に延長され、従来請負により行われてきた特定製造業務は2006年頃から労働者派遣に切り替えられ活用されてきた。2009年は最長3年の派遣可能期間が満了する「2009年問題」に起因した減少もある[8]。すなわち、製造業務への派遣解禁を機に請負から派遣へと切り替えてきた製造現場において、派遣契約の満了と同時に当該業務の処理機会も喪失したものと考えられる。当該派遣労働者にとっては、仕事の機会を喪失する事態であるが、「派遣期間満了後も当該業務の処理が必要である場合は、指揮命令が必要な場合は直接雇用に、指揮命令が必要でない場合は請負による」[9]ことの選択を迫られていた活用企業にとっては、継続活用する必要のない状況にあったといえる。

3　労働者派遣法改正に向けた議論

　労働者派遣法改正への議論は、2005年5月から労働政策審議会職業安定分科会労働力需給制度部会において検討が続けられ、2008年9月24日には厚生労働大臣に対し、労働者派遣制度の改正について建議を行っている。これを受けて「労働者派遣法等の一部を改正する法律案」が作成され、2008年11月4日には同法案が閣議決定され、国会に提出されている（20年法案）[10]。「20年法案」における改正の概要は以下のように整理される。

　まず、労働者派遣制度については、派遣元事業主、派遣先、派遣労働者がそれぞれ増加しており、労働力の需給調整を図るための制度としてわが国の労働市場において一定の役割を果たしているとして一定の評価を与えている。一方で、労働者派遣をめぐる問題点として、①雇用管理に欠ける形態である日雇派遣など社会的に問題のある派遣形態が出てきていること、②派遣という働き方をやむを得ず選択し、長期間継続して従事することとなってしまっ

ている者がみられること、③禁止業務派遣や二重派遣などの違反事案が顕在化し、業務停止処分等の行政処分となる事案もみられるなど、指導監督件数も大幅に増加していることをあげ労働者保護の仕組みを強化することを趣旨としている(11)。

　上記に関する議論を具体的に示すと、第1に事業規制の強化の側面である。日雇派遣（日々または30日以内の期間を定めて雇用する労働者の派遣）については、あまりにも短期の雇用・就業形態であり、派遣元・派遣先双方で必要な雇用管理責任が果たされておらず、禁止業務派遣、二重派遣等の法違反の温床であり、労働災害の発生にもつながっていることを指摘している。そのため、日雇派遣については原則禁止とし、(1)日雇派遣が常態であり、かつ労働者保護に問題のない業務等について、政令でポジティブリスト化する、(2)現在の日雇派遣労働者等の雇用の安定を図るため、公共職業安定所または職業紹介事業者の行う職業紹介の充実等必要な措置を講ずる。グループ企業派遣については、グループ企業（親会社および連結子会社）内の派遣会社が一の事業年度中に当該グループ企業に派遣する人員（定年退職者を除く）の割合を8割以下にするべく、超過している場合は指導、指示、許可の取消し等の各措置を順次行うこと。これは、グループ企業派遣が労働市場における需給調整機能を果たすのではなく、企業内の第2人事部として機能し、本来直接雇用する労働者を派遣労働者とすることで労働条件の切下げにつながっていることへの対応である。

　第2に派遣労働者の常用化や待遇改善の側面である。登録型派遣労働者については、能力開発の機会が得にくい、就業経験が評価されない、やむを得ず派遣で働いているにもかかわらず固定化される、常用雇用になるための機会が少ない、といった問題点を指摘している。そのうえで、登録型派遣労働者について、希望に応じ、以下のいずれかの常用雇用への転換推進措置を派遣元事業主に対し努力義務化する。(1)期間の定めのない派遣労働者または通常の労働者として雇用、(2)紹介予定派遣の対象とすることを通じて、派遣先での直接雇用を推進、(3)期間の定めのない労働者への転換推進のための教育

訓練等の措置を講ずる。

　派遣先が常用型派遣を選好するインセンティブとするため以下の2点をあげている。(1)期間を定めないで雇用される派遣労働者について、労働契約申込義務の適用対象から除外（専門26業務に限る）、(2)期間を定めないで雇用される派遣労働者について、特定を目的とする行為（事前面接等）を可能に併せて、派遣労働者の特定の際、年齢または性別を理由とした差別的取扱いを禁止する。

　しかし、製造業を中心とした派遣労働者を含めた有期契約労働者の解雇・雇止め問題が2008年11月以降に表面化し、2008年末の派遣村報道などの影響も受け、「20年法案」は審議されることなく、2009年7月21日に衆議院が解散されたことに伴い、廃案となっている。

　政権交代後の2009年12月28日には労働政策審議会が「今後の労働者派遣制度の在り方について」の答申を行い、2010年4月6日には労働者派遣法改正案（「22年法案」）が衆参両院で受理され、衆議院厚生労働委員会で審議されるものの、採決に至らず、国会閉会に伴い継続審議扱いとされている。なお、2010年末時点で法案は成立していないが、「20年法案」に以下の考え方が加えられている。

　(1)登録型派遣の原則禁止。ただし、雇用の安定等の観点から問題が少ない①専門26業務、②産前産後休業・育児休業・介護休業取得者の代替要員派遣、③高齢者派遣、④紹介予定派遣については禁止の例外とする。(2)製造業務派遣の原則禁止。ただし、雇用の安定性が比較的高い常用雇用の労働者派遣については、禁止の例外とする。(3)日雇派遣の原則禁止。なお、「20年法案」と同様に、日雇派遣が常態であり、かつ、労働者の保護に問題ない業務等について、政令によりポジティブリスト化して認める。

4　諸外国における派遣労働の実態と示唆

　ここでは人材ビジネスの発祥の地といわれるアメリカとパートタイム労働

者など非正規従業員の活用において先進的な事例として紹介されることの多いオランダのケースを紹介し、日本の労働者派遣市場への示唆を提示したい。

アメリカでは、連邦レベルにおいて日本の職業安定法にあたる法律はなく、労働者派遣事業に対する規制もほとんどない。しかし、州レベルでみると、労働者派遣を行う事業者に対して許可制を採用しているのは、マサチューセッツ州のみであり、ニュージャージー州とノースカロライナ州では登録制をとっている。またロードアイランド州では、労働者派遣事業を行う事業者に対して5万ドルの保証金の提出を義務づけるとともに、派遣労働者に対して、書面による職務内容の提示を求めている[12]。

労働者派遣事業の位置づけをみると、派遣先企業において基本的に一時的な労働力として派遣労働者を活用するが、派遣就業中の職務遂行状況が良好な場合には、当該派遣労働者を自社の労働者として採用する場合がある。したがってこの場合、派遣就業は結果として紹介予定派遣（または試用期間）のように機能することとなる。また、派遣会社（Temporary Help Agency）と雇用斡旋会社（Employment Agency）の機能は本来異なるものであるが、両者を兼ねた会社も存在する。また、派遣で就業する者も「労働者」であり制定法の適用が及ぶため、企業としては制定法の適用が及ばない「独立契約者（Independent contractors）」や「呼び出し労働者（On-call Workers）」をより多く活用しているものと推測され、派遣労働者数の最も多い国であるが、増加スピードが緩やかである一因と考えられている[13]。

また近年における状況をみると、アメリカにおいても世界的な景気後退の影響は人材派遣業界に波及しており、Staffing Industry Analystsによると、2009年から2010年にかけてアメリカの人材派遣会社における売上高は918億ドルから約27％減少している[14]。一方で、アメリカ人材派遣協会（American Staffing Association）は2010年11月に、同年9月までの1年間に人材派遣会社に雇用された労働者の延べ人数が前年比で24.9％増となったと発表している[15]。代表的な景気転換の先行指標であるISM（Institute for Supply Management）製造業景況指数が2009年8月から、ISM非製造業総合景況指数が

2009年1月から本章執筆時点の2010年12月時点まで50を上回り続けているように、景気回復基調にある中で雇用の柔軟化によって生産性向上を求める企業指向に合致し、人材派遣の需要が回復しているものと考えられる。

　アメリカの労働者派遣事業は上述のようにきわめて少ない規制の中で運営されており、テンプトゥパーム（Temp to Perm：紹介予定派遣のうち正規雇用契約を前提とするもの）やテンプトゥハイヤ（Temp to Hire：紹介予定派遣のうち正規雇用契約を前提としないもの）を含めた雇用機会を開いている。しかし、「平成21年度　年次経済財政報告」（内閣府）にも示されるように、アメリカはOECD諸国の中でも最も雇用保護の度合いが低く、正規雇用に転換することへの抵抗も少ないものと考えられる。わが国においても、紹介予定派遣制度の活用拡大により労働者派遣市場の機能向上を図ろうとする考え方もあるが、派遣先企業にとって直接雇用に至るだけのインセンティブを確保できるかは不透明なものといえる。

　次に、オランダでは、1999年以前は許可制度と期間制限を中心とする公的アプローチが採用され、労働者派遣が派遣先の雇用慣行に悪影響（常用代替の促進）を及ぼすことを防止する点にあったが、派遣労働者の法的地位は不明確であるほか、現実には違法派遣の横行を防止できないという問題が指摘されていた。1999年に制定された「柔軟性と保障法」（Flexibiliteit en Zekerheid, Flexibility and Securit）では、許可制度や期間制限を撤廃し、私法的アプローチへの転換を図っている。そこでは、厳格な解雇規制のもと、非正社員の労働力利用の柔軟性と、労働者個人に対する法的保護とのバランスが重視されている。

　労働者派遣制度については、①有期労働法制の例外としての26週ルール[16]、②中途解約を自由化する「派遣条項（uitzendbeding）」に関する規制[17]、③「労働市場仲介法」（Wet Allocatie Arbeidskrachten Door Intermediairs）による派遣先の直用労働者との均等待遇原則[18]、を中核としている。派遣労働者の就労期間が26週未満であれば、有期労働法制の適用除外と派遣条項により、いわゆる登録型派遣も広く認められている。登録型派遣は、解雇規制が及ば

ない点できわめて自由度が高い。一方、26週が経過すると、派遣労働者にも有期労働法制がそのまま適用され、労働契約に期間の定めがないものとみなされ、派遣条項の利用も禁止される（常用型派遣への転換）。ただし、「26週」については労働協約で「別段の定め」をすることが認められており、実際に大多数の労働者に適用されている労働協約をみると、期間は78週（約1年半）にまで延長されている[19]。そのため、CIETT（Confederation Internationale des Entreprises de Travail Temporaire：国際人材派遣事業団体連合）によるとオランダにおける派遣労働契約の平均的期間は3ヶ月以上とするものが68%と多くを占める[20]。

　オランダは1970年代後半から80年代にかけて、いわゆる「オランダ病」と呼ばれる状況に陥り、1983年には失業率も12%にまで上昇していたが、その後15年をかけて、その状況を克服してきた。財政の黒字転換や賃金抑制など多くの説明すべき要素があるが、ここでは労働市場改革について少しばかり触れておきたい。オランダは多様な働き方が定着している国といわれるが、フルタイム労働とパートタイム労働の間に差別がないために、自由に働き方を選択できる。労働時間差差別を禁止する法律が1996年に導入され、賃金格差も縮小した。そのため、オランダのパートタイム労働者比率は高く、男性は16.2%、女性は59.9%（2008年）とOECD諸国の中で最も高い[21]。一方、わが国において男性は9.9%、女性は33.2%（2008年）とオランダと比べると低水準にあるが、1980年代以降、非正規従業員比率は漸次上昇傾向にあることから、オランダの労働市場改革が議論の参考として取り上げられることも多い。

　しかし、派遣労働においては、上述のように派遣のマッチング機能を重視した「26週ルール」のもと短期的な労働力としての活用が主となるが、その前提となる均等待遇原則および派遣労働者としての保護に重点が置かれている。すなわち、わが国にオランダの派遣労働の考え方を導入しようとしても、「専門26業務」のように職務範囲を限定している限りにおいては、職務格差が賃金格差にもつながり、格差是正は容易ではない。

結局のところ、労働者派遣事業は各国における労働慣行や他の労働関係法令との関係から規定されるものであり、前項の法改正の議論を踏まえると、わが国における派遣労働市場の特徴は「専門26業務」を中心に形成されてきたことにあり、それを柱とした仕組みを再構築することは1つの方策として有効といえるであろう。

5　派遣労働者活用の再考

　近年の労働者派遣をめぐる国内議論は、「派遣切り」や「派遣村」問題もあり、労働者保護を主眼に置いたものが多くみられる。確かに、契約期間満了に伴い住居を喪失するケースなど、生存権（憲法25条）にかかわる問題は看過できないが、雇用は企業活動を生み出す原動力であるだけでなく、派生的要素も含むものである。法的な側面は他著における議論に譲り、ここでは活用企業の側面から捉えてみたい[22]。

　わが国における労働者派遣法制定の背景を振り返ると、法制定以前は、職業安定法第44条の規定により、民間会社が他の会社に人材を供給することを禁じていたことから「人材派遣事業」と称することはできず、「業務処理請負事業」として事業運営されていた。請負と称するものの実態は「派遣的」であり、そこで働く労働者の保護を目的として労働者派遣法が制定された。

　労働者派遣法制定以前の代表的な調査である「業務処理請負事業における派遣的労働の実態」（1984年、労働省）をみると派遣労働の根源的なニーズがみえてくる。まず、「派遣的」労働がみられるものとして、ビルメンテナンス業、情報処理業、事務処理業が取り上げられている。当該業務は派遣法制定時の「専門13業務」にも含まれるものである。

　その雇用形態をみると、情報処理業とビルメンテナンス業では「常用雇用」が多くを占めるが、事務処理業では登録型が多いこともあり、「日雇」形態が多くなっている。

　次に、「派遣的」労働者の派遣職種をみると、ビルメンテナンス業では女

性の9割が「清掃員、ガラスふき、洗浄員」であるが、男性は、その職種は約半数で、それ以外に、「冷暖房設備監理員」、「電気・ガス設備監理員」等専門的技術者も多く占めている。情報処理業における男性は、「システムエンジニア、プログラマー」が約7割を占め、その他のほとんどが「電算機オペレーター」となっている。女性の場合は、「キーパンチャー」が約8割を占めている。また、事務処理業においては、女性の半数が、貿易、営業、経理といったいわゆる「オフィス事務員」であり、タイピストの割合も高くなっている。男性について「テレックス・テレタイプオペレーター」が多くみられる[23]。

また、「派遣的」労働者の教育訓練についてみると、「派遣的」労働者が従事している職種は、専門的な技術・知識が必要なものが多く、派遣的労働者の資質の維持・向上は事業の発展にとって重要なものと考えられる。このため、「派遣的」労働者に対する教育訓練は、かなりの事業所で実施されている。どの職種においても、「技能向上のための教育訓練」については、9割前後、「新技術を身に付けるための教育訓練」については8割以上の事業所が行っていると答え、さらに指導教育のための責任者を置いている者がほとんどとなっている[24]。

このように当該調査においては、派遣法制定前の状況であることもあり、「専門性の高さ」や「教育訓練機会の確保」が強調される結果が得られているが、労働者派遣法制定に大きく寄与した高梨昌氏は2009年に行われたインタビューの中で、「ビルメンテナンスやファイリングという2つの単純労働ないし不熟練労働を入れてしまったことが、専門的な知識や経験をもった業務の派遣を認めるという論理の破綻を招いた」[25]と指摘しているように、「派遣的」労働者が従事してきた業務は必ずしも高度の専門性を要するものではなく、一定の事前教育訓練を施し、現場での経験を積みながら求められる業務遂行レベルを満たす性格を持っているといえる。しかし、これらの業務において「派遣的」ニーズがあったことは疑いえない事実であり、この業務上の性格こそ労働者派遣事業へのニーズと捉えることができる。近年は、厚生

労働省が「期間制限を免れるために専門26業務と称した違法派遣への厳格な対応」（専門26業務派遣適正化プラン）のもと、厳正な指導監督が実施されているが、「派遣的」ニーズと必ずしも合致しないものであろう。また、それが近年の派遣労働者数の減少にもつながっているものと考えられる。

6 むすびに：派遣労働者活用の可能性と課題

むすびに代えて、以下に示す2つのケースは、わが国において人材派遣の活用の可能性と課題を示すものとして紹介しておきたい。

T社は、人件費抑制のため当初は見送る予定だった2011年春の一般職にあたる業務職（大学・短大など卒業）社員の採用方針を見直し、約400人を採用すると明らかにした。すでに約1700人いる派遣労働者を対象に募集し、選考しているという[26]。派遣労働者の場合、「専門26業務」として受け入れると、従事できる業務が限定され、対応しきれない事務的な仕事も多いことが方針転換の一因である。

T社のケースは正社員採用の1つのあり方を示唆しているものといえる。すなわち、一般事務業務においては業務が高度に標準化され、正確に業務遂行することが求められる「定型認識」業務の領域が大きくなってきた一方で、高度な専門知識を持ち、抽象的思考のもとに課題を解決する「非定型分析」業務や高度な内容の対人コミュニケーションを通じて価値を創造・提供していく「非定型的相互」業務をサポートする役割もまた重要になっている[27]。前者については業務範囲を限定した専門業務の派遣労働者を活用することが派遣先企業にとっても合目的的な選択といえる。後者については限られた採用選考過程において当該労働者を選抜することは容易なことではない。紹介予定派遣制度は類似した制度といえるが、直接雇用することを前提として、一定期間を派遣労働者として勤務する制度である。そのため、直接雇用の可能性や派遣期間の考え方に違いがある。

一方で、M社において22年にわたり違法派遣の状態で働き、解雇された

女性がいる[28]。女性は、M社が運営する大阪府内の配送センターで長期間、専門業務の名目で派遣されながら実際には一般事務同様の仕事をさせられていた。職場には専用の机もあり、週5日のフルタイム勤務で、正社員と同様の扱いを受けていたという。このケースでは、解雇された女性が大阪労働局に解雇に関する相談をした際に違法状態が発覚したものであり、労働局より「直接雇用するよう」M社に是正指導しているにもかかわらず、女性は出勤を拒否されている。

M社のケースは、「22年法案」でも強調される「登録型派遣の原則禁止」における「専門26業務」の除外に関する問題と関連する。例えば、登録型派遣労働者の代表的な業務である「事務用機器操作」は、「労働者派遣事業関係業務取扱要領」により定義され、以下のように捉えられる[29]。

「事務用機器操作」とは、「電子計算機、タイプライター、テレックス又はこれに準ずる事務用機器の操作」とされているが、現在の実情に沿って解釈すると、「オフィス用のコンピュータ等を用いて、ソフトウエア操作に関する専門的技術を活用して、入力・集計・グラフ化等の作業を一体として行うもの」と解されるところであり、迅速・的確な操作に習熟を要するものに限られる。

具体的には、例えば、「文書作成ソフトを用い、文字の入力のみならず、編集、加工等を行い、レイアウト等を考えながら文書を作成する業務」、「表計算ソフトを用い、データの入力のみならず、入力した数値の演算処理やグラフ等に加工する業務」、「プレゼンテーション用ソフトを用い、図表・文字等のレイアウトを考えながらプレゼンテーション等に用いる資料を作成する業務」は、「事務用機器操作」に該当する。一方で、単純に数値をキー入力するだけの業務を行っている場合は、「事務用機器操作」には該当しない。

当然に、付随的な業務等を行わなければならないケースもあるが、当該業務においても①付随的に行う業務の割合が通常の場合の1日または1週間あたりの就業時間数で1割を超えているケース、②まったく無関係の業務を少しでも行っているケース、は全体として「専門26業務」ではないと評価さ

れる点は活用場面においても注意を要する。しかし、M社のケースで指摘されるように一般事務と混同して活用されているケースは存在するものと推察される(30)。また、当該労働者にとって「雇止め」が起きなければ、現行法では違法となる「一般事務」として派遣労働者を続けることができることが望ましかったのではないだろうか。労働者保護を目的とした労働者派遣の規制再強化が検討されるが、活用企業のニーズと派遣労働という働き方へのニーズがなければ、労働者派遣事業は成立しえない。

注

(1) 厚生労働省「労働者派遣事業の平成20年度事業報告の集計結果」による。なお派遣労働者数とは、一般労働者派遣事業における常時雇用労働者数および登録者数ならびに特定労働者派遣事業における常時雇用労働者数の合計である。

(2) 厚生労働省「労働者派遣事業の平成21年度事業報告の集計結果」による。以下、特に断りがないかぎり、労働者派遣事業にかかる数値の出典は上記集計結果によるものとする。

(3) 日本人材派遣協会「労働者派遣事業統計調査の報告」(2010年7～9月期の実績)による。

(4) 日本人材派遣協会(2000、3-4頁)より引用。

(5) 完全失業率は、総務省「労働力調査」(年平均)による。非正規従業員比率は、総務省「労働力調査特別調査」によるものであり、1990年、1999年とも2月のデータを用いている。

(6) 例えば、派遣の適用対象業務の改定については、1993年5月に日本事務処理サービス協会(現在の日本人材派遣協会)「『労働者派遣法』適用対象業務についての要望─個人尊重に基づく自由な雇用選択を─」などがある。

(7) OECDホームページ http://www.oecd.org/dataoecd/14/18/45603954.pdf (2011年1月11日最終確認)

(8) 詳細は、平野賢哉「『2009年問題』からみた派遣労働者活用における課題」『埼玉学園大学紀要』経営学部篇第9号、2-3頁を参照。

(9) 厚生労働省「いわゆる『2009年問題』への対応について」(2008年9月26日発表資料)

(10) なお、2009年6月26日には野党3党(民主党、社民党、国民新党)の共同提出による派遣法改正案が衆議院に提出されているが、審議されることなく、廃案となっている。

(11) 厚生労働省「労働者派遣事業の適正な運営の確保及び派遣労働者の就業条件の整備等に関する法律等の一部を改正する法律案」について(2008年11月4日発

表）を参照。
(12) リクルート Works「アメリカの人材ビジネス 2010-07 人材ビジネスの関連法規と規制」(2010年5月1日発表) を参照。
(13) 日本人材派遣協会ホームページ http://www.jassa.jp/ciett/overseas/overseas_america.html（2011年1月11日最終確認）を参照。
(14) Staffing Industry Analysts, "Citing 2009/2010 as one of the Worst Year on Record, Staffing Industry Analysts Ranks U.S. Staffing Companies; The Allegis Group Remains Number One"（2010年7月26日 Release）を参照。
(15) American Staffing Association, "News Release: Staffing Employment Continues Robust Growth in Third Quarter", Nov. 22, 2010. を参照。
(16) 派遣労働者として就労する最初の26週間は、有期労働法制の適用（更新回数の上限規制）を受けない。最初の26週以内であれば、有期契約が反覆継続しても無期雇用に転換することはない。
(17) 派遣条項とは、派遣先の要請により労働者派遣契約が解消された場合に、派遣元が派遣労働者との雇用関係を終了させることができる特別な約定である。労働契約に派遣条項がある場合には、派遣先の終了要請と同時に労働関係も終了し、解雇規制の適用はない。
(18) 派遣先の要請としては、労働者派遣契約のすべてを解消するケースのほか、単に派遣労働者の交替を求めるケースも含まれる。このような派遣条項は、労働者の法的地位をきわめて不安定にするので、派遣就労期間（派遣元での雇用期間）が26週を超えると無効となる。
(19) 本庄淳志「労働市場における労働者派遣法の現代的役割—雇用保障と均等待遇をめぐるオランダ法、ドイツ法からの示唆—」労働政策研究・研修機構『日本労働研究雑誌』No. 595、121-122頁、2010年を参照。
(20) CIETT, "The Agency work industry around the world‐2010 Edition"による。
(21) OECD, "Employment Outlook 2009" を参照。
(22) 例えば、西谷・中野（2009）などがあげられる。
(23) 高梨（1985、56-58頁）を参照。
(24) 同上、61-62頁を参照。
(25) 高梨昌「派遣法立法時の原点からの乖離」『都市問題』第100巻第3号、東京市政調査会、2009年3月を参照。
(26) 『日本経済新聞』（2011年1月5日朝刊）を参照。
(27) 池永肇恵「労働市場の二極化—ITの導入と業務内容の変化について—」労働政策研究・研修機構『日本労働研究雑誌』No. 584、2009年による業務分類によるものを参照。
(28) 『毎日新聞』（2010年12月19日大阪版朝刊）を参照。
(29) 厚生労働省「期間制限を免れるために専門26業務と称した違法派遣への厳正な対応における実施結果」（2010年5月26日公表）における別添資料「一般事務

と混同されやすい事務用機器操作とファイリングについての留意事項」より引用。
(30) 厚生労働省「期間制限を免れるために専門26業務と称した違法派遣への厳正な対応における実施結果」(2010年5月26日公表)における別紙資料では、以下の3つの事例が紹介されている。①第5号業務における事例として、第5号業務(事務用機器操作)と称して、平日は、事務機器操作のほか、来客者の応対、利用料授受の補助、契約申込み及び解約の手続き、苦情相談等の窓口業務を、また、土日祝日は専ら窓口業務を行わせていた。②第8号業務における事例として、第8号業務(ファイリング)と称して、3年を超えて、専らビル内各テナント店舗からの売上日報と各種証拠書類等とのチェック作業、ギフト券売り上げのシステム入力作業等を行わせていた。③第5号業務及び第8号業務に係る事例として、第5号業務及び第8号業務と称して、3年を超えて、専ら段ボール数十箱を含む荷物の受け取り・仕分け・台車を使用しての各課への配付、営業所への発送、運送業者との連絡、その他印刷作業等を行わせていた。

‖ 引用・参考文献

Blanpain, Roger, "*Challenging in European Employment Relations*", Kluwer Law International, 2004.

Blanpain, Roger & Graham, Ronneie, "*Temporary Agency Work and the Information Society*", Kluwer Law International, 2004.

Burgess, John & Connell, Julia, "*International Perspective on Temporary Agency Work*", Routledge, 2008.

佐藤博樹・小泉静子『不安定雇用という虚像』勁草書房、2007年

高梨昌編著『詳解 労働者派遣法』日本労働協会、1985年

長坂寿久『オランダモデル』日本経済新聞社、2000年

西谷敏・中野麻美『派遣法改正で雇用を守る』旬報社、2009年

日本人材派遣協会編『人材派遣白書 2000年版』東洋経済新報社、2000年

日本人材派遣協会編『人材派遣データブック2010』日本人材派遣協会、2010年

第10章

アジア諸国における外貨準備保有高の変動要因と適正水準
──パネルデータによる分析

1　はじめに

　本章の目的は1997年7月に発生したアジア通貨危機（the Asian Financial Crisis）から2008年9月に発生したリーマン・ショック（the Lehman Shock）前後までの期間を対象として、国際金融市場や国際資金フローの変化を捉えつつ、アジア諸国における外貨準備（foreign exchange reserves）保有高の変動要因を定量的に分析するとともに、各国の経済状況や市場規模を考慮に入れた外貨準備保有高の適正水準の推定を行うことである。

　リーマン・ショックを契機とし、2008年末から2009年前半にかけての金融危機や世界同時不況の1つの原因として、グローバル・インバランス（global imbalance：世界的な経常収支不均衡）が指摘されている[1]。グローバル・インバランスとは、Eichengreen（2007）によると、「Asian surpluses and U. S. deficits（アジアの黒字と米国の赤字）」と定義されている[2]。また、田中（2008）では、「アメリカの経常収支赤字の継続的な増大と、対極にある東アジア・産油国の構造的黒字」と述べられている[3]。さらに、白井（2009）によると、「拡大をつづける米国の大幅な経常収支の赤字状態と、中国、日本、そのほかのアジア諸国、および資源輸出国による経常収支の黒字額が拡大している状態」と記されている[4]。

　つまり、2000年代に入ってから、IT（Information Technology：情報技術）ブー

ム、財政赤字の拡大、積極的な住宅投資などによって、米国一国が大幅な経常収支赤字を記録している一方で、著しい経済成長の結果、資本輸入国から資本輸出国への転換を図ってきた中国をはじめとする複数の新興国や、原油価格の高騰や積極的なソブリン・ウェルス・ファンド（SWF：Sovereign Wealth Fund）の活用によって米国への投資を行ってきた資源国（産油国）の多くが経常収支黒字を拡大させている状況をまとめて、グローバル・インバランスと呼んでいるのである。

このようなグローバル・インバランスが拡大している時期にさらに特徴的な現象としてあげられるのが、新興国や産油国における外貨準備保有高の急増である。これは、新興国や産油国において、経常収支の黒字および流入した民間資本に見合った資金のかなりの部分が外貨準備として積み上がり、安全資産（主として短期国債）に投資する形で、米国に資金を環流させ、米国の大幅な経常収支赤字をファイナンスしているためである[5]。

外貨準備とは通貨当局が保有している対外支払いのためにすぐに使用することのできる外貨建て金融資産のことで、具体的には、金、SDR（Special Drawing Rights：特別引出権）、IMF（International Monetary Fund：国際通貨基金）のリザーブ・ポジション、米ドル建て短期国債やユーロ建て短期国債に運用されている外国為替などから構成されている[6]。その用途としては、固定為替相場制度下において為替レートを維持するために行われる外国為替市場への介入資金や緊急的な輸入のための支払いなどがある。

「国際経済環境が変化している中で、各国はどの程度、外貨準備を保有すべきか」という外貨準備保有高の適正水準に関する議論は、歴史的に振り返ると、その時々の国際金融問題と密接に関係している[7]。グローバル・インバランスが拡大し、その問題点が指摘されるようになった2000年代後半には、グローバル・インバランスを是正する観点から議論されはじめた。例えば、Green & Torgerson（2007）は、中国、台湾、韓国、ロシア、インド、メキシコ、マレーシアなど主要な新興国の外貨準備保有高は（輸出入の変動に対するセーフガードや本来の用途のために必要な水準を超えて）過剰であり、為替の柔軟

性を抑制している、として問題提起を行っている。

　外貨準備保有高の適正水準を測定する方法としては、伝統的に、「その国の3～6ヶ月分の輸入額程度」または「外貨準備保有高がその国の短期債務残高（満期1年以内）をカバーしているかどうか（1倍を超えているかどうか）」といった「大まかな基準（rule of thumb）」が提案されていた（谷内、2005）[8]。しかし、計量経済学における分析手法が発展するのに伴って、各国が保有する外貨準備保有高の適正水準が各国の経済規模や為替市場規模を考慮した形で推定されはじめ、それらの結果に基づいて現在の保有高が過剰であるか否かが議論されるようになってきた。

　そこで本章では、アジア通貨危機からリーマン・ショック前後の国際資金フロー全体の変化を捉えつつ、外貨準備保有高が過剰であると指摘を受けている中国を含め、アジア諸国全体の外貨準備保有高の適正水準について考察する。具体的には以下の2点を問題意識として持ち、追究していくこととする。

① 外貨準備保有高の適正水準があるとすれば、その規定要因または変動要因は何か？
② 国際経済環境における外生的なショック（通貨危機や金融危機）への対策を考慮すると、外貨準備保有高の適正水準そのものが変化するのではないか？

　分析の枠組みとしては、アジア諸国の各経済変数から構成されるパネルデータ（panel data）を用いて、外貨準備保有高に関する先行研究で用いられてきたバッファー・ストック・モデル（buffer stock model）を拡張させた推定式をもとに実証分析を行うこととする。

　外貨準備保有高のバッファー・ストック・モデルとは、アジャスタブル・ペッグ制（adjustable-peg）や管理フロート制（managed-float）といった為替相場制度の下で国際収支不均衡の調整が必要になった場合、事前に外貨準備にバッファー・ストック（緩衝在庫）の役割を与えて保有しておけば、その額を調整することによって、為替レートの切り下げに代表される支出切替政策

(expenditure-switching policy) や緊縮的な財政政策に代表される支出削減政策 (expenditure-reducing policy) の選択を回避できる、とする考え方に基づいている。しかしその一方で、外貨準備を積み増して保有することになれば、国内消費の減少という社会的費用や市場金利という在庫保有の機会費用も上昇するため、外貨準備保有の便益と費用をバランスさせる形で適正水準が決定される、としている。

なお、次節以降の構成は以下のとおりである。第2節ではグローバル・インバランスと最近のアジア諸国の外貨準備保有高の推移についてデータと先行研究をもとに概観する。第3節では外貨準備保有高の適正水準に関する理論分析と実証分析の先行研究を整理し、問題点を指摘する。第4節では第3節での議論に基づいて本章での仮説を提示し、推定式を定式化した上で実証分析を行い、推定結果を考察する。最後の第5節では結論とともに、今後の研究課題について記すこととする。

2　グローバル・インバランスとアジア諸国の外貨準備保有高の推移

2-1 ▍ グローバル・インバランス

表10-1は1997年から2009年までの先進国、アジア新興国、新興・発展途上国(一部)における経常収支の推移である。1998年から2006年にかけて、主要・先進7ヶ国 (G7) が全体として経常収支赤字の拡大傾向を示しているが、そのうち、最も大きなウェイトを占めているのが米国である。米国は2006年に約8035億5000万ドルと最大の経常収支赤字を計上し、その後、2007年、2008年と改善の兆しをみせている (しかし、その一方で、2007年から2009年にかけて財政赤字が悪化している)。それに対して、アジア新興国ならびに新興・発展途上国では、アジア通貨危機前後で経常収支赤字国 (資本輸入国) から経常収支黒字国 (資本輸出国) へと転換が図られ、なおかつ黒字幅が拡大していることが分かる。特に、中国の経常収支黒字額は2008年に約4261億ドルにま

で達している。

　こうした状況の背景について、Bernanke（2005）は1997年から2000年はじめにかけて米国の経常収支赤字を拡大させた要因は、アジア諸国を中心とした発展途上国の経常収支黒字（＝過剰貯蓄）にあると指摘している[9]。また、谷内（2005、2006）はアジア通貨危機後の期間を2つに分けて、考察を行っている。谷内（2005、2006）によると、前半の期間は1998年から2000年までで、民間資本が純流出を記録する一方で、外貨準備保有高が増加し、民間部門と政府部門がともに資本輸出（＝資本流出）を積極的に行っていた。2001年以降の後半の期間では、民間資本は純流入に転じ、外貨準備保有高の増加が大幅化していく中で、政府部門が資本輸出の役割を果たすようになっていった。2003年からは、民間資本流入がさらに活発化し、アジア通貨危機以前のような大幅な民間資本流入が復活した。こうした民間資本のうち、直接投資は危機後も比較的安定的に流入し、銀行融資や証券投資といったその他の民間資本は、危機後純流出となっていたが、2003年からは大幅な純流入に転じることとなった。

2-2 ▎アジア諸国の外貨準備保有高の推移

　表10-2は表10-1と同時期のアジア諸国における外貨準備保有高の推移を表している。表10-2からアジア通貨危機後のアジア諸国では、すべての国が外貨準備保有高を増加させており、13年間で全体の額が約7.4倍になっていることが分かる。特に、2005年から2006年にかけては、人民元相場の上昇を抑えるため、人民元売り・米ドル買いの為替介入を積極的に行ってきた結果、中国が日本を抜いて、世界第1位の外貨準備保有国になり、2010年6月時点で過去最高の約2兆4712億ドルに到達し、1997年1月時点と比較すると、約22.3倍になっている。

　このように、アジア諸国全体が外貨準備保有高を累増させている要因として、谷内（2005、2008b）は割安の為替相場を維持することによって、輸出主導の成長を図ることと、手厚い外貨準備を確保することによって、将来の国

表10-1　先進国、新興国、発展途上国

グループ・国		1997年	1998年	1999年	2000年	2001年
先進国		68.325	21.581	-106.901	-269.968	-222.237
G7		7.922	-65.376	-191.686	-333.665	-298.828
	カナダ	-8.231	-7.66	1.73	19.708	16.209
	フランス	37.81	38.554	45.891	21.968	26.086
	ドイツ	-10.008	-16.33	-26.858	-32.558	0.38
	イタリア	33.769	19.791	8.208	-5.863	-0.639
	日本	96.553	119.065	114.526	119.605	87.794
	イギリス	-1.575	-5.266	-35.365	-39.096	-30.386
	米国	-140.396	-213.532	-299.819	-417.429	-398.272
新興アジア		5.908	64.612	57.123	38.861	47.925
	香港	-7.729	2.507	10.253	6.994	9.785
	韓国	-8.287	40.371	24.522	12.251	8.033
	シンガポール	14.874	18.298	14.356	10.717	11.171
新興国・発展途上国		-69.83	-105.755	-15.457	92.923	47.897
アジア		11.08	50.156	39.801	41.651	39.285
	中国	36.962	31.472	15.669	20.519	17.405
	インド	-3.003	-6.902	-3.232	-4.599	1.41
ASEAN5		-18.703	28.256	29.125	24.684	18.239
	インドネシア	-3.8	4	5.752	7.988	6.901
	マレーシア	-5.935	9.529	12.604	8.487	7.286
	フィリピン	-4.33	1.51	-2.874	-2.225	-1.744
	ベトナム	-1.528	-1.074	1.177	1.106	0.682

注：分類は WEO (World Economic Outlook) (April, 2010) による。
出所：IMF (International Monetary Fund)、WEO (World Economic Outlook) (April, 2010)

表10-2　アジア諸国の外貨準備

	1997年	1998年	1999年	2000年	2001年	2002年
中国	142762	149188	157728	168278	215605	291128
香港	92804	89606	96236	107542	111155	111896
インド	24688.3	27340.7	32666.7	37902.2	45870.5	67665.5
インドネシア	16586.9	22713.4	26445	28501.9	27246.2	30970.7
日本	219648	215471	286916	354902	395155	461186
韓国	20367.9	51974.5	73987.3	96130.5	102753	121345
マレーシア	20788.2	25559.4	30588.2	28329.8	29522.3	33360.7
フィリピン	7297.48	9274.15	13269.7	13090.2	13476.3	13329.3
シンガポール	71390.1	75077.2	77047.1	80170.3	75677	82221.2
タイ	26179.5	28825.1	34062.8	32015.9	32354.8	38046.4
合計	642512.38	695029.45	828946.8	946862.8	1048815.1	1251148.8

出所：IMF (International Monetary Fund), IFS (International Financial Statistics)

の経常収支の推移（1997 年 - 2009 年）

(単位：10 億ドル)

2002 年	2003 年	2004 年	2005 年	2006 年	2007 年	2008 年	2009 年
-217.081	-219.314	-219.757	-409.76	-449.903	-347.635	-528.791	-147.343
-311.045	-363.353	-357.647	-517.138	-567.184	-400.369	-480.036	-290.798
12.603	10.456	22.934	21.376	17.925	14.53	7.606	-36.132
19.8	14.74	12.482	-9.088	-11.558	-25.876	-64.776	-38.841
40.584	46.27	127.852	142.801	188.481	253.756	245.722	160.627
-9.483	-19.605	-16.208	-29.448	-48.137	-51.691	-78.874	-71.27
112.607	136.238	172.07	165.69	170.437	210.967	157.079	141.656
-28.009	-29.92	-45.643	-59.784	-80.785	-75.483	-40.725	-28.838
-459.147	-521.532	-631.134	-748.685	-803.546	-726.572	-706.068	-417.999
55.837	80.772	82.87	79.444	89.657	111.691	84.83	142.451
12.412	16.469	15.731	20.178	22.936	25.529	29.296	23.373
5.394	11.95	28.174	14.981	5.385	5.876	-5.776	42.668
11.674	21.85	19.238	26.706	35.035	47.311	36.188	33.838
80.48	148.978	222.251	449.74	665.562	657.93	709.16	321.748
66.937	85.011	92.904	167.489	289.244	414.67	424.059	319.003
35.422	45.875	68.659	160.818	253.268	371.833	426.107	283.756
7.061	8.773	0.781	-10.285	-9.299	-11.285	-26.621	-25.885
19.649	24.458	19.449	14.763	44.175	55.55	33.539	64.242
7.822	8.111	1.565	0.277	10.86	10.495	0.126	10.581
8.025	13.207	15.08	20.703	25.816	29.246	38.854	31.994
-0.279	0.288	1.628	1.984	5.347	7.119	3.633	8.552
-0.604	-1.931	-1.591	-0.56	-0.164	-6.992	-10.706	-7.176

保有高の推移（1997 年 - 2009 年）

(単位：100 万ドル)

2003 年	2004 年	2005 年	2006 年	2007 年	2008 年	2009 年
408151	614500	821514	1068490	1530280	1949260	2416040
118360	123540	124244	133168	152637	182469	255768
98937.9	126593	131924	170738	266988	247419	265182
34962.3	34952.5	33140.5	41103.1	54976.4	49596.7	63563.3
663289	833891	834275	879682	952784	1009360	1022240
155284	198997	210317	238882	262150	201144	269933
43821.7	65881.1	69858	82132.3	101019	91148.8	95431.7
13654.9	13116.3	15926	20025.4	30210.6	33192.9	38782.9
96245.5	112579	116172	136260	162957	174193	187803
41076.9	48664	50690.7	65291.4	85221.3	108661	135483
1673783.2	2172713.9	2408061.2	2835772.2	3599223.3	4046444.4	4750226.9

第 10 章　アジア諸国における外貨準備保有高の変動要因と適正水準

際金融危機や外的ショックに備えるという動機（自己保険：self-insurance）の2点を指摘している。特に、中国については、政府の資本取引規制による歪んだ資本流出入構造が原因であると結論づけている。これについて、Aizenman（2007）は2000年代以降、アジア諸国における外貨準備の保有動機として自己保険が弱くなっていると分析しており、新しいグローバルな金融アーキテクチャー（new global financial architecture）の出現の兆候の可能性を指摘している。横田（2007）も自己保険による動機に加え、国際貿易競争力と生産性の上昇が経常収支黒字をもたらしたのと同時に、アジア諸国内およびアジア域内の金融・資本市場が未発達である点を問題視しており、アジア各国の為替政策の方針が影響を与えているとしている。谷内（2008a）は政府が負う為替リスクの大きさを考慮すると、特に日本の外貨準備保有高が他の先進国と比較して異例に高い水準にあることを問題視しており、「現在（2008年3月時点）の外貨準備の約8割を市場で売却し、現在（2008年3月時点）の5分の1程度の水準にする」ことを提案している。

3　外貨準備保有高の理論分析と実証分析：先行研究のサーベイ

本節では、外貨準備保有高に関する理論分析と実証分析の先行研究をサーベイしたうえで、各研究の特徴および問題点を明らかにし、本章の実証分析で用いる拡張バッファー・ストック・モデルの仮説について検討する[10][11]。

外貨準備保有高に関する理論分析で、バッファー・ストック・モデルを用いた先駆的研究に Heller（1966）がある。Heller（1966）は外貨準備の需要に対して、価格の硬直性と資本移動がない固定為替相場制度を仮定したモデルの中で、伝統的な費用－便益分析（cost-benefit analysis）と最適化アプローチ（optimizing approach）を応用して分析した。このような Heller（1966）の分析フレームワークは、それ以降、多くの研究で用いられるようになり、それは各国が外貨準備保有高は保有することの「メリット」と「コスト」がバランスされる水準で決定される、というものであった。外貨準備保有の「メリッ

ト」としては、外貨準備を十分に保有している場合、政府が経常収支の黒字化を目的とした緊縮的経済政策（国内支出の減少）や支出転換政策の遂行を回避できる点が考えられる。一方、外貨準備保有の機会費用（逸失利得）となる「コスト」としては、為替変動リスク、長期金利、1人あたり国民所得（GDP：Gross Domestic Product）、対外債務、経済成長率、または（日本の場合、日本がドル買い介入を行うと）外国為替資金証券（「為券」）の増加に伴う政府債務（外国為替資金特別会計の負債項目）の増加などがあげられる。

　Hamada & Ueda（1977）は離散時間を仮定し、外貨準備高がランダム・ウォーク（random walk）に従って変動するという前提をもとに、支出切替政策や支出転換政策を採用した場合の経済全体を調整するコストと外貨準備保有の機会費用から、最適な外貨準備保有高（＝適正水準）が理論的に導出できることを示している。

　Hamada & Ueda（1977）に対して、Frenkel & Jovanovic（1981）は連続時間を仮定し、外貨準備高の変化（＝経常収支）がウィーナー過程（Wiener process）に従って変動すると考えている。外貨準備高がある下限（変動為替相場制度下で最も単純なケースとしてはゼロと考えることができるが、一般的には経済規模などを反映したトレンドと考えてもよい）を下回った場合に、国際収支（経常収支）を黒字化するために、支出削減政策を行って国内支出を減少させなければならないという経済調整コストが発生するという想定のもとで、その経済調整コストと外貨準備保有に伴う機会費用（逸失利得）の合計を最小化した場合の最適な外貨準備保有高を理論的に導いた。その結果、経済調整コスト（代理変数として、「カントリー・ダミー」や「1国の開放度合い（貿易依存度）」を利用している）と外貨準備保有高のボラティリティの弾力性係数が＋0.5、外貨準備保有高の機会費用の弾力性係数が－0.25であることがそれぞれ示された。

　そうした理論分析に基づいて、1971年から1975年の期間で先進22ヶ国を対象にクロスセクションデータと時系列データを用いて、Frenkel & Jovanovic（1981）が実証分析を行ったところ、経済調整コストの弾力性係数が＋0.505、外貨準備保有高の機会費用の弾力性係数が－0.279であり、統計的

にも有意であることも示され、理論分析の結果ときわめて近い数値になることが確認されている。

　Flood & Marion (2002) は Frenkel & Jovanovic (1981) を発展させ、国際資本移動が活発となる1988年から1997年までの期間を対象に、新興国を含む36ヶ国のパネルデータを利用して、バッファー・ストック・モデルの実証分析を行っている。そして、1998年と1999年について、外挿している。その結果、1990年代ではバッファー・ストック・モデルでの説明力は、外貨準備保有高のボラティリティは外貨準備保有高に対して正の影響を与え、なおかつ統計的にも有意であることが示されている。また、固定効果（fixed effects）はクロスカントリーでの外貨準備の変動を75％しか説明できておらず、外貨準備のボラティリティと機会費用はそのうち、10％から15％程度しか説明できないと主張している。

　Aizenman & Marion (2003) も Frenkel & Jovanovic (1981) を発展させたバッファー・ストック・モデルを用いて実証分析を行っている。経済調整コストの代理変数として経済の開放度（貿易依存度）を利用している。経済の開放度が高まれば外的ショックを受ける確率が高まり、外的ショックの確率を加味した期待損失が大きくなり、より多くの外貨準備を保有する動機が高まると考えられる。

　アジア諸国を分析対象とした研究として、小田野（2008）はインドネシア、マレーシア、タイ、韓国、中国の5ヶ国を対象として、1985年第1四半期から2007年第2四半期までの期間をアジア通貨危機前後の期間に分け、各国政府の外貨準備保有の行動に大きな変化がみられるかを確認している。推定式として、被説明変数に各国の外貨準備保有高、説明変数として輸入金額、米国財務省証券金利、各国通貨の対米ドル為替レート、米国製造業生産指数をそれぞれ用いている。その結果、外貨準備の水準が輸入水準の規模によって説明できること、また、韓国、インドネシア、マレーシアが外貨準備保有管理を注意深く運営しているのに対して、タイと中国は外貨準備保有のコストの動向に左右されない管理を進めてきたことが示されている。

星河（2010）では1990年3月から2008年4月までの期間を対象に、中国、インドネシア、韓国、マレーシア、フィリピン、シンガポール、タイの7ヶ国から構成されるパネルデータに基づく単位根検定（パネル単位根検定）と共和分分析（パネル共和分分析）を用いて、各国の外貨準備高とFrenkel & Jovanovic（1981）の意味での最適外貨準備高との長期均衡関係に関する実証分析を行っており、各国の外貨準備増加は最適外貨準備理論によって説明がつくが、2004年以降の過剰外貨準備の拡大は米国の経常収支赤字に影響を与えていた可能性と、自己保険機能以外の要因も考えられると指摘している。

4　実 証 分 析

4-1　推 定 式

　前節までの考察と議論に基づいて、Flood & Marion（2002）とAizenman & Marion（2003）で用いられた拡張型バッファー・ストック・モデルを参考に、本章におけるアジア諸国の外貨準備保有高の変動要因に関する実証分析の推定式を（1）式のように設定する。

$$\ln\left(\frac{R_{it}}{P_{it}^*}\right) = \alpha_0 + \alpha_1 \ln\left(\frac{\sigma_{it}}{P_{it}^*}\right) + \alpha_2 \ln\left(\frac{1+r_{it}}{1+r_{it}^*}\right) + \alpha_3 \ln(pop_{it}) + \alpha_4 \ln(gpc_{it})$$

$$+ \alpha_5 \ln(exa_{it}) + \alpha_6 \ln(imy_{it}) + \alpha_7 \ln(ner_{it}) + \epsilon_{it} \quad (1)$$

　ただし、下添えのiとtはそれぞれ国と時点を示している。被説明変数はアジア諸国の外貨準備保有高（米ドル建て）（R）で、米国のGDPデフレーター（P）を規模変数（scale variable）として利用している。説明変数のうち、σ_{it}/P_{it}は外貨準備保有高のボラティリティ（σ_{it}）を被説明変数と同様、米国のGDPデフレーター（P）で除したもの、$1+r_{it}/1+r_{it}^*$は当該国と米国の金利差、popは人口、gpcは1人あたりGDP、exaは実質輸出額のボラティリティ、imyは平均輸入性向、nerはアジア諸国通貨の対米ドル名目為替レー

トのボラティリティをそれぞれ表しており、それらの対数値を利用する[12]。また、ϵ_{it} は説明変数と独立している誤差項で、観察不可能で時系列によって影響を受けない各国独自の個別効果と、観察不可能で時系列によって影響を受ける時間効果から構成されるものと仮定する。期待される符号条件は $\alpha_1, \alpha_3, \alpha_4, \alpha_5, \alpha_6 > 0, \alpha_2, \alpha_7 < 0$ である。

なお、本章における実証分析は以下の2点で、Aizenman & Marion（2003）における実証分析と異なっている。第1に、Aizenman & Marion（2003）は固定効果モデルに限定して分析を行っているが、本章ではリーマン・ショック前後の通貨当局による政策対応の変化を考慮に入れるために、クロスセクションのみならず、時系列にかかわるそれぞれの仮定を変化させて推定する。第2に、Aizenman & Marion（2003）では実質輸出額と名目実効為替レートのボラティリティを計算する方法として、直近のデータから標準偏差を求めているが、本章ではボラティリティ変動モデルである GARCH（Generalized Autoregressive Conditional Heteroskedasticity）を用いて、推定した系列を使用することとする。

4-2 ▎ データと分析方法

本章の実証分析において対象とするアジア諸国は中国、香港、インド、インドネシア、日本、韓国、マレーシア、フィリピン、シンガポール、タイの計10ヶ国で、分析対象期間はアジア通貨危機後の1997年8月から2010年6月までとし、月次データを用いる。また、2008年9月のリーマン・ショック後の期間に外挿し、アジア諸国の外貨準備保有高の現実値と理論値の乖離を分析する。

4-3 ▎ 推定結果と解釈

国別およびパネルデータに基づく推定結果は表10-3と表10-4にまとめられている。表10-3について説明変数の符号条件と統計的有意性をもとに国別に判断すると、フィリピンが最も説明力が高く、次いでインドネシア、マ

表10-3 推定結果（国別）

説明変数	中国	香港	インド	インドネシア	日本
$\ln(\sigma/P)$	-0.0036 (0.0050)	0.0128 (0.0031) **	0.0022 (0.0075)	-0.0543 (0.0109) **	0.0321 (0.0146) *
$\ln(1+r/1+r^*)$	0.0121 (0.0143)	-0.0208 (0.0169)	0.1995 (0.0160) **	-0.0864 (0.0184) **	0.0646 (0.0310) *
$\ln(pop)$	68.7977 (1.4420) **	44.3193 (2.7736) **	-4.0870 (1.3575) **	25.3082 (3.6098) **	7.5317 (27.7473)
$\ln(gpc)$	-3.8762 (0.1035) **	-7.7685 (0.6059) **	3.0035 (0.3902) **	-10.8816 (1.9672) **	9.4860 (2.5164) **
$\ln(exa)$	0.0002 (0.0063)	0.0036 (0.0033)	0.0040 (0.0070)	0.0492 (0.0113) **	-0.0496 (0.0125) **
$\ln(imy)$	0.7263 (0.0438) **	-0.8215 (0.0446) **	1.0922 (0.0465) **	-0.2428 (0.0515) **	0.4695 (0.0650) **
$\ln(ner)$	-0.0005 (0.0032)	0.0014 (0.0154)	-0.0446 (0.0100) **	-0.0133 (0.0070) *	-0.2205 (0.0295) **
Adjusted R-squared	0.9980	0.9560	0.9941	0.9109	0.9595
S.E. of regression	0.0411	0.0424	0.0591	0.0830	0.0965
Durbin-Watson Test	0.7695	0.6287	0.2969	0.4229	0.3458

説明変数	韓国	マレーシア	フィリピン	シンガポール	タイ
$\ln(\sigma/P)$	0.0068 (0.0094)	0.0109 (0.0072)	0.0658 (0.0307) *	0.0331 (0.0089) **	0.0327 (0.0072) **
$\ln(1+r/1+r^*)$	-0.1154 (0.0198) **	-0.0630 (0.0224) **	-0.1096 (0.0336) **	-0.0160 (0.0271)	-0.0447 (0.0138) **
$\ln(pop)$	-68.2200 (6.3501) **	31.2704 (3.3474) **	27.4108 (3.3146) **	18.1551 (0.8119) **	76.0489 (3.6359) **
$\ln(gpc)$	13.3008 (0.9039) **	-21.1704 (2.7423) **	-19.4233 (2.7659) **	-7.8281 (0.4019) **	-22.9845 (1.3208) **
$\ln(exa)$	-0.0002 (0.0085)	-0.0012 (0.0087)	0.0457 (0.0153) **	0.0006 (0.0055)	0.0218 (0.0083) **
$\ln(imy)$	-0.0270 (0.0410)	1.0836 (0.0838) **	-0.3810 (0.1321) **	0.2190 (0.0187) **	-0.0757 (0.0388) *
$\ln(ner)$	-0.0631 (0.0069) **	-0.0222 (0.0056) **	-0.0636 (0.0330) *	-0.0574 (0.0090) **	-0.0491 (0.0091) **
Adjusted R-squared	0.9835	0.9681	0.8797	0.9871	0.9845
S.E. of regression	0.0724	0.0886	0.1318	0.0299	0.0546
Durbin-Watson Test	0.7420	0.2507	0.2040	0.6118	0.8048

注1：カッコ内の数値は標準誤差である。
注2：*、**はそれぞれ5％、1％の有意水準を示す。

レーシア、シンガポール、タイとなっている。また、説明変数別にみると、国民の生活水準の代理変数としての「人口（pop）」、為替レート変動の柔軟性を示す「対米ドル名目為替レートのボラティリティ（ner）」、経済開放度を表している「平均輸入性向（imy）」、外貨準備保有高の機会費用を示す「当該国と米国の長期金利差（$1+r_{it}/1+r^*_{it}$）」の順に有意な結果が出ている。しかし、対外不均衡に対するバッファー・ストックとしての役割を目的として外貨準備保有高を保有する場合、その代理変数である「輸出額のボラティリティ（exa）」が重要な変数となるが、符号条件が合致し、なおかつ統計的に有意となっている国はインドネシアと韓国の2国のみという結果になっている。

次に、表10-4のパネルデータ分析の結果からは、F検定によって帰無仮説が1％水準で棄却されているため、各国ごとに個別効果が存在することが認められている。また、個別効果の性質についてのハウスマン検定でも帰無仮説が1％水準で棄却されたため、個別効果は確率的なものではなく、確定的であることが受容されている。プール推計と時間固定効果モデルの間で行ったF検定では、帰無仮説が5％水準で棄却されたため、時間効果も認められる。ただし、時間効果に関するハウスマン検定では帰無仮説が1％水準で棄却されているため、時間効果は確定的であることが示されている。これらのことは、個別効果と時間効果を同時に考慮に入れる2方向モデルの間でのハウスマン検定によって、個別効果も時間効果も確定的と仮定する2方向モデルが選択されていることからも認められる[13][14]。

また、表10-5は表10-3の推定結果に基づいて、各国の現実の外貨準備保有高の適正水準を推計した結果である。それによると、2009年までは中国、香港、インド、フィリピン、シンガポール、タイにおいて現実値が理論値を上回り、過剰準備であることを指摘できるが、2010年以降は中国や日本、フィリピン、タイにおいて理論値を下回っており、(1)式に基づく経済状況から判断すると、過少準備の可能性を指摘できる。

表 10-4 推定結果（パネルデータ）

説明変数	Pooled OLS	Fixed Effects	Random Effects	Time Fixed Effects	Time Random Effects	Two-way Fixed Effects	Two-way Radom Effects
$\ln(\sigma/P)$	0.0395 ** (0.0062)	0.0253 ** (0.0059)	0.0268 ** (0.0057)	0.0463 ** (0.0064)	0.0395 ** (0.0059)	0.0480 ** (0.0062)	0.0267 ** (0.0058)
$\ln(1+r/1+r^*)$	0.2022 ** (0.0127)	0.1366 ** (0.0135)	0.1651 ** (0.0128)	0.1655 ** (0.0195)	0.2022 ** (0.0120)	0.1763 ** (0.0192)	0.1635 ** (0.0130)
$\ln(pop)$	1.1666 ** (0.01406)	1.5076 ** (0.1754)	1.2082 ** (0.0352)	1.1572 ** (0.0180)	1.1666 ** (0.0133)	0.3270 (0.2300)	1.2163 ** (0.0372)
$\ln(gpc)$	1.2363 ** (0.0138)	1.6059 ** (0.0800)	1.3858 ** (0.0373)	1.2120 ** (0.0157)	1.2363 ** (0.0130)	0.7358 ** (0.1074)	1.4001 ** (0.0391)
$\ln(exa)$	0.0119 ** (0.0038)	0.0501 ** (0.0066)	0.0536 ** (0.0064)	0.0023 (0.0038)	0.0119 ** (0.0036)	0.0260 ** (0.0097)	0.0535 ** (0.0065)
$\ln(imy)$	0.8622 ** (0.0172)	0.6176 ** (0.0310)	0.7507 ** (0.0237)	0.8552 ** (0.0265)	0.8622 ** (0.0162)	0.7607 ** (0.0484)	0.7433 ** (0.0245)
$\ln(ner)$	-0.0144 ** (0.0012)	0.0036 (0.0039)	-0.0015 (0.0035)	-0.0146 ** (0.0015)	-0.0144 ** (0.0012)	-0.0233 ** (0.0046)	-0.0012 (0.0036)
Adjusted R-squared	0.9585	0.9681	0.8423	0.9628	0.9585	0.9719	0.8419
Observations	1540	1540	1540	1540	1540	1540	1540
F test		52.4462 **	55.0611 **	2.1564 *		5.5088 **	
Hausman test Chi-square (P-value)			(0.0000)		303.5658 ** (0.0000)		0.0000 (1.0000)

注1：カッコ内の数値は標準誤差を表す（ハウスマン検定のP値を除く）。
注2：F test に基づくF値はPooled OLSと固定効果モデル (Fixed Effects) の選択の指標である。
注3：ハウスマン検定 (Hausman test) は固定効果モデル (Fixed Effects) と変量効果モデル (Random Effects) の選択の指標である。
注4：*、** はそれぞれ5%、1%の有意水準を示す。

表 10-5 外貨準備高の適正水準

(単位：100万ドル)

	中国		香港		インド		インドネシア		日本	
2008年10月	1,881,710	1,899,335	154,800	176,466	244,499	273,555	48,805	52,073	959,744	1,053,763
2008年11月	1,887,930	1,921,524	165,855	183,225	239,759	282,340	48,270	45,811	982,799	994,077
2008年12月	1,949,260	1,954,323	182,469	188,418	247,419	290,920	49,597	45,395	1,009,360	1,007,981
2009年1月	1,916,600	1,982,854	181,652	195,047	239,692	286,777	48,776	48,292	988,387	972,741
2009年2月	1,915,100	2,003,531	177,030	192,298	239,491	278,854	48,365	51,250	985,932	1,007,182
2009年3月	1,956,830	2,035,763	186,226	196,656	242,345	279,101	52,663	52,458	996,002	990,565
2009年4月	2,011,980	2,069,994	193,351	203,899	242,658	275,015	54,458	52,369	989,744	956,630
2009年5月	2,093,080	2,102,568	205,057	207,882	252,608	272,102	55,688	54,768	1,000,010	1,000,247
2009年6月	2,135,200	2,135,616	206,933	213,599	255,248	269,206	55,381	57,229	996,184	1,001,831
2009年7月	2,178,220	2,168,566	218,038	212,676	261,865	266,394	55,230	59,853	999,557	1,034,699
2009年8月	2,223,850	2,203,956	223,211	221,902	267,318	264,903	58,115	62,153	1,018,830	1,030,789
2009年9月	2,288,470	2,240,663	226,829	223,983	270,855	266,153	59,978	62,444	1,028,100	1,093,730
2009年10月	2,344,290	2,278,003	240,012	225,872	273,460	267,843	62,092	64,311	1,031,180	1,026,155
2009年11月	2,405,300	2,315,349	256,180	237,712	269,969	260,984	63,106	64,931	1,044,790	1,036,725
2009年12月	2,416,040	2,352,361	255,768	243,313	265,182	260,220	63,563	67,600	1,022,240	1,065,172
2010年1月	2,431,960	2,374,239	256,985	240,788	262,904	259,580	67,004	70,191	1,026,540	1,123,404
2010年2月	2,441,210	2,405,649	258,157	241,685	260,442	254,689	67,144	69,029	1,023,810	1,053,683
2010年3月	2,463,550	2,437,511	258,752	247,083	261,393	250,902	69,223	71,733	1,015,270	1,068,803
2010年4月	2,506,900	2,473,879	259,169	250,215	261,414	246,323	75,850	73,257	1,017,860	1,089,197
2010年5月	2,456,190	2,512,571	256,098	254,949	254,636	240,818	71,753	68,392	1,011,610	1,030,929
2010年6月	2,471,210	2,539,724	256,713	261,245	256,334	238,096	73,431	68,325	1,019,630	1,036,853

	韓国		マレーシア		フィリピン		シンガポール		タイ	
2008年10月	212,174	216,955	99,899	105,777	32,435	28,731	162,174	171,077	101,204	102,665
2008年11月	200,428	196,655	97,373	101,819	33,020	28,025	165,676	170,701	104,094	102,741
2008年12月	201,144	199,592	91,149	100,465	33,193	27,107	174,193	171,307	108,661	102,450
2009年1月	201,666	207,423	90,941	98,075	34,682	27,820	167,094	169,770	108,244	106,622
2009年2月	201,458	228,607	90,702	96,109	33,186	30,974	163,549	170,167	110,742	111,075
2009年3月	206,267	220,203	87,434	97,536	34,494	33,847	166,251	172,285	113,743	111,187
2009年4月	212,402	229,173	87,343	100,088	34,894	33,615	170,101	174,308	114,444	111,791
2009年5月	226,698	220,755	87,948	96,721	34,710	33,439	171,758	174,993	118,866	114,617
2009年6月	231,658	226,838	91,154	95,878	34,778	34,259	173,195	176,387	118,289	115,511
2009年7月	237,433	233,386	90,775	98,394	35,313	34,885	174,128	178,780	120,915	120,291
2009年8月	245,387	246,964	92,955	100,276	36,663	35,274	176,264	180,668	124,767	122,194
2009年9月	254,190	256,185	94,810	97,809	37,519	37,622	182,038	182,355	129,069	124,451
2009年10月	264,117	261,649	94,904	93,781	37,898	37,704	184,334	183,286	132,451	126,973
2009年11月	270,814	257,324	95,032	92,976	38,534	37,316	188,898	184,211	136,656	127,891
2009年12月	269,933	266,186	95,432	92,887	38,783	38,133	187,803	185,661	135,483	130,785
2010年1月	273,607	272,492	95,656	94,062	40,192	39,213	189,611	186,785	139,493	138,991
2010年2月	270,591	270,309	95,506	93,216	40,185	42,057	187,824	188,209	138,807	140,894
2010年3月	272,248	272,674	94,003	93,866	39,649	43,170	197,112	191,910	141,084	146,084
2010年4月	278,803	274,586	94,683	87,100	40,637	45,649	203,436	197,542	144,389	145,763
2010年5月	270,142	280,786	94,110	85,489	41,015	45,098	198,358	194,321	140,219	147,837
2010年6月	274,151	258,993	93,336	86,740	41,845	44,942	199,960	195,102	143,389	159,170

注：各国の左列は現実の外貨準備保有高、右列は表 10-3 の推定結果に基づく理論値である。

5 結論と今後の研究課題

前節の実証分析では、第1節で述べた2つの問題意識のもと、拡張型バッファー・ストック・モデルを用いて、アジア各国の外貨準備保有高の変動要因について国別およびパネルデータで分析し、同時に、それに基づく適正水準を推計した。

国によって程度の差はあるものの、説明変数として人口、対米ドル名目為替レートのボラティリティ、平均輸入性向、当該国と米国の長期金利差が外貨準備保有高に統計的に有意な影響を与えており、国民の生活水準、為替レート変動の柔軟性、経済開放度、外貨準備保有高の機会費用が変動要因となっていることが示された。さらに、2009年までは過剰準備であったものの、2010年以降では逆に過少準備となっている国（中国、日本、フィリピン、タイ）があることを指摘している。

リーマン・ショックが発生した2008年9月まではアジア諸国が過剰準備を抱えていた点は星河（2010）の結果と整合的であり、そうした国が2010年以降に過少準備となっているので、この時点を境に、各国の経済環境を取り巻く国際金融市場や国際資金フローにおいて構造変化（structural change）が起きていると考えられる。今後も引き続き、過少準備の状態が持続するのか、あるいは国内外の経済環境が変化し、適正水準へ回帰するのかは国際金融市場や国際資金フローとの相互依存関係に依存している。

一方、パネルデータ分析から、個別効果でも時間効果でも確定的であることが認められており、より詳細な推定式を設定し、各国別の外貨準備保有高の保有動機を追究する必要がある。ただし、本章では直接扱うことができなかった問題もある。第1に、採用している為替相場制度の差異をコントロールする変数を明示的に推定式に組み込むことができなかった点があげられる。第2は Aizenman & Marion（2003）において行われていたような政治的腐敗度（political corruption）や政治的不確実性（political uncertainty）といった政治

的な要因を扱うことができなかった。これらは今後の研究課題としたい。

注

(1) 例えば、小川（2009）、Obstfeld & Rogoff（2010）、松林（2010、第11章）を参照。
(2) Eichengreen（2007, p. xii）を参照。
(3) 田中（2008、363頁）を参照。
(4) 白井（2009、5頁）を参照。
(5) 以上の点は、国民経済計算体系（SNA：System of National Accounts）と国際収支（BOP：Balance of Payments）の諸定義から導き出される以下の2式から明らかである。詳細は日本銀行国際収支統計研究会（2000）などを参照。

　　　$(S-I) + (T-G) = 経常収支$　(A-1)

　　　経常収支黒字＝資本収支赤字＋外貨準備増加　(A-2)

　　ただし、Sは国内民間貯蓄、Iは国内民間投資、Tは政府税収、Gは政府支出をそれぞれ表す。したがって、左辺第1項の$(S-I)$は国内の「貯蓄・投資バランス（ISバランス）」を、第2項の$(T-G)$は政府の「財政収支」を意味している。
(6) 日本における外貨準備の内訳は財務省ホームページにおいて公表されている（http://www.mof.go.jp/index.htm）。
(7) 1960年代にはブレトン・ウッズ（Bretton Woods）体制維持の観点から、1970年代の前半には国際金融市場がブレトン・ウッズ体制とスミソニアン（Smithsonian）体制の崩壊の影響を回避する観点から、1980年代のはじめにはラテン・アメリカ諸国を中心とする累積債務問題の解決の観点から、1990年代の後半にはアジア通貨危機を教訓として、通貨危機の再発防止の観点から、それぞれ議論されてきた経緯がある。
(8) 詳細はTriffin（1961）やMachlup（1966）を参照。
(9) 福田・今（2008）は実質為替レートの動向やバラッサ・サミュエルソン（Ballasa-Samuelson）・モデルを用いて、この仮説を検討している。また、福田（2008）では同じ問題意識のもと、ニュー・オープン・マクロ経済学（New Open Macroeconomics）の小国モデルの枠組みで、中長期的な観点から外貨準備蓄積のマクロ経済的効果を分析している。
(10) 外貨準備保有高に関する理論分析や実証分析の包括的なサーベイには、Bahmani-Oskooee & Brown（2002）、Bird & Rajan（2003）、大谷・渡辺（2004）がある。
(11) 本章では詳しく扱っていないが、その他の先行研究に、Aizenman & Marion（2004）、Jeanne & Rancière（2006）、Aizenman & Riera-Crichton（2008）、Ruiz-Arranz & Zavadjil（2008）、Bar-Ilan & Marion（2009）、Cifarelli & Paladino（2009）などがある。

(12) 中国の金利に関しては、バンクレートを利用した。
(13) 各推定方法の詳細な内容やパネルデータによる分析全般に関しては、Wooldridge（2002）を参照。
(14) プール推計と変量効果モデル間でも χ^2 検定を行ったが、帰無仮説は棄却され、プール推計を選択した。

引用・参考文献

Aizenman, J., "Large Hoarding of International Reserves and the Emerging Global Economic Architecture", *NBER Working Paper*, 13277, 2007.

Aizenman, J. & Marion, N., "The High Demand for International Reserves in the Far East: What's Going on?", *Journal of the Japanese and International Economies*, 17, pp. 370-400, 2003.

Aizenman, J. & Marion, N., "International reserve holdings with sovereign risk and costly tax collection", *The Economic Journal*, 114, pp. 569-591, 2004.

Aizenman, J. & Riera-Crichton, D., "Real exchange rate and international reserves in an era of growing financial and trade integration", *The Review of Economics and Statistics*, 90 (4), pp. 812-815, 2008.

Bahmani-Oskooee, M. & Brown, F., "Demand for international reserves: a review article", *Applied Economics*, 34, pp. 1209-1226, 2002.

Bar-Ilan, A. & Marion, N., "A Macroeconomic Perspective on Reserve Accumulation", *Review of International Economics*, 17 (4), pp. 802-823, 2009.

Bernanke, B. S., "The global saving glut and the U.S. current account deficit", Remarks at the Sandridge Lecture, Virginia Association of Economics, Richmond, Virginia, 2005.

Bird, G. & Rajan, R., "Too Much of a Good thing? The Adequacy of International Reserves in the Aftermath of Crisis", *World Economy*, 86, pp. 873-889, 2003.

Cifarelli, G. & Paladino, G., "The Buffer Stock Model Redux? An Analysis of the Dynamics of Foreign Reserve Accumulation", *Open Economies Review*, 20 (4), pp. 525-543, 2009.

Eichengreen, B., *Global Imbalances and the Lessons of Bretton Woods*, MIT Press, 2007.（アイケングリーン，B. 著、畑瀬真理子・松林洋一訳『グローバルインバランス―歴史からの教訓―』東洋経済新報社、2010 年）

Flood, R. & Marion, N., "Holding International Reserves in an Era of High Capital Mobility", in Collins, S. M. & Rodrik, D. (eds.), *Brookings Trade Forum 2001*, The Brookings Institution, pp. 1-68, 2002.

Frenkel, J. A. & Jovanovic, B., "Optimal International Reserves: A Stochastic Framework", *The Economic Journal*, 91, pp. 507-514, 1981.

Green, R. & Torgerson, T., "Are High Foreign Exchange Reserves in Emerging Markets a Blessing or a Burden?", *Department of the Treasury, Office of Interna-*

tional Affairs, Occasional Paper, 6, 2007.

Hamada, K. & Ueda, K., "Random Walks and the Theory of the Optimal International Reserves", *The Economic Journal*, 87, pp. 722-742, 1977.

Heller, H. R., "Optimal International Reserves", *The Economic Journal*, 76, pp. 296-311, 1966.

Jeanne, O. & Rancière, R., "The Optimal Level of International Reserves for Emerging Market Countries: Formulas and Applications", *IMF Working Paper*, 06/229, 2006.

Machlup, F., *The need for monetary reserves*, Reprints in International Finance, 5, Princeton University, 1966.

Obstfeld, M. & Rogoff, K., "Global Imbalances and the Financial Crisis: Products of Common Causes", in *Asia Economic Policy Conference volume*, Federal Reserve Bank of San Francisco, 2010.

Ruiz-Arranz, M. & Zavadjil, M., "Are Emerging Asia's Reserves Really Too High?", *IMF Working Paper*, 08/192, 2008.

Triffin, R., *Gold and the Dollar Crisis*, 2nd ed., Yale University Press, 1961.

Wooldridge, J. M., *Econometric Analysis of Cross Section and Panel Data*, MIT Press, 2002.

大谷聡・渡辺賢一郎「東アジア新興市場諸国の外貨準備保有高について」『金融研究』日本銀行金融研究所、2004年

小川英治「グローバル・インバランスと日本の経済・財政への影響」財務省財務総合政策研究所「変化する世界経済と日本経済・財政の課題に関する研究会」2009年

小田野純丸「東アジア諸国の対外経済リスク管理と外貨準備保有行動」『彦根論叢』滋賀大学経済経営研究所、第372号、99-118頁、2008年

白井さゆり「世界経済危機とグローバル・インバランス―国際経済秩序へのインプリケーション―」SFCディスカッションペーパー、SFC-DP2009-08、2009年

田中素香「グローバル・インバランス―『世界不均衡』の性格の解明に向けて―」田中素香・岩田健治編『新・国際金融テキスト3 現代国際金融』有斐閣、第12章、2008年

谷内満「国際資本移動の変貌とアジア―グローバル・インバランスの中のアジア―」『開発金融研究所報』国際協力銀行、第27号、24-53頁、2005年11月

谷内満「アジアの資本流出入構造の変化と課題―アジア危機後のアジア経済―」『開発金融研究所報』国際協力銀行、第28号、83-110頁、2006年2月

谷内満「グローバル・インバランスのリスクとアジア経済の課題」『日本経済の主要な対外リスクに関する研究報告書』内閣府経済社会総合研究所、No. 33、83-104頁（第4章）、2008a年

谷内満「日本の外貨準備の政策分析」『開発金融研究所報』国際協力銀行、第36号、117-138頁、2008b年3月

日本銀行国際収支統計研究会『入門国際収支―統計の見方・使い方と実践的活用法―』東洋経済新報社、2000 年

福田慎一「外貨準備蓄積のマクロ経済的効果におる潜在的なリスク」『日本経済の主要な対外リスクに関する研究報告書』内閣府経済社会総合研究所、No. 33、61-82 頁（第 3 章）、2008 年

福田慎一・今喜史「最近の国際資本移動について」『フィナンシャル・レビュー』財務省財務総合政策研究所、第 88 号、96-113 頁、2008 年

星河武志「東アジア諸国の外貨準備―外貨準備は過剰か―」藤田誠一・岩壺健太郎編『グローバル・インバランスの経済分析』有斐閣、第 6 章、2010 年

松林洋一『対外不均衡とマクロ経済』東洋経済新報社、2010 年

横田綏子「東アジア外貨準備の特質と東アジア金融協力」『経済科学論集』島根大学、第 33 号、1-30 頁、2007 年

┃┃データ出所

EIU (Economic Intelligence Unit), Risk Table

IMF (International Monetary Fund), *IFS* (*International Financial Statistics*)

IMF (International Monetary Fund), *WEO* (*World Economic Outlook*)

第11章

アメリカ鉄鋼業の市場動態
——1923-1929年市況

1　はじめに

　本章は両大戦期におけるアメリカ鉄鋼業の市場動態分析を研究する一環として、1920年代の鋼材市場の変化に対応する鉄鋼業の資本蓄積と市場対応を検証する試論である。時期的には1923年の恐慌回復期以降から1929年までの時期に限定する[1]。鉄鋼業は戦後恐慌からの市場回復を果たす役割を演じた Bethlehem Steel Corp. の東部市場における資本集中運動を通して Pittsburgh 基点価格制機能を回復させたが、連邦裁判所での単一基点価格制の独占禁止法違反判決後に採用された複数基点価格制のもとに資本蓄積を展開する（1920年代初期の戦後恐慌期の鉄鋼業については拙稿「第1次大戦期〜戦後恐慌期における基点価格—アメリカ東部鉄鋼企業の資本集中—」『経営論集』明治大学経営学研究所、第57巻第4号、2010年参照）。

　1920年代の鉄鋼市場は産業構造基軸が石炭—鉄鋼—鉄道から石油—鉄鋼—自動車へ移行するに伴い、新基軸産業の周辺部の食品加工、家電、金属機械、建設、電力・ガスといった産業に底支えられ市場拡大をみせる。鋼材需要構造面では鉄道、造船等に支えられる重量鋼材需要から自動車、製罐、家電製品等に支えられる軽量鋼材需要へと変化を遂げる。鋼材需要変化は鉄鋼業の成長を牽引してきた重量鋼材生産比率の高い U.S. Steel Corp. の鋼材市場支配を相対的に低下させ、資本規模的に劣位なる中堅鉄鋼企業や軽量鋼材

専門企業の市場シェアの台頭をもたらすことになった。

まずは、1920年代のアメリカ鉄鋼業の概況から考察することにしよう。

2　1920年代鉄鋼業の蓄積概観

1920年代のアメリカ鉄鋼業は第1次大戦期の戦時需要を与件にして生産力を拡大し高利潤を獲得したが、戦時期に拡大した生産能力は1918年秋の終戦によって各社に潜在的過剰資本を内在化させることになった。それが1920-21年戦後恐慌期に過剰資本として露呈され、鉄鋼各社はその過剰資本処理に苦悶しつつ、政府主導のもとで励行された産業合理化運動を展開し、その過程で組織改革を伴う無駄排除の実践と合理化投資・資本集中運動を通して過剰資本をなし崩し的に処理せんとした。その過程で展開されたBethlehem Steel Corp.による東部市場での資本集中運動は、戦後恐慌期での価格競争の激化によって価格機構の機能が不全化していた機能回復を通して価格競争を阻止し、東部市場でのPittsburgh基点価格制を再建させ価格を安定化させる役割を果たしたのである。ここにおいて鉄鋼企業間での鋼材市場をめぐる価格競争が終焉し、鉄鋼業は価格安定化を基礎に1923年末からの鉄道、自動車、建設各部門からの鋼材需要の回復に牽引されつつ高蓄積を展開する。だが、連邦取引委員会によって提訴されていたPittsburgh基点価格制が独占禁止法に抵触するという連邦裁判決が1924年7月に下された結果、鉄鋼業は単一基点価格制を放棄し複数基点価格制採用に移行する[2]。

同制度の採用は鉄鋼各社に1920年代後半に拡大が著しい新規軽量鋼材需要に対応する生産拠点の地理的拡散を促す契機を提供することになった。それはU.S. Steel Corp.のPittsburgh地域を中心とする市場支配の相対的後退と鋼材市場の西漸拡大化による中堅鉄鋼企業の台頭をもたらしたのである（基点価格制度の機能については拙稿「アメリカ鉄鋼業における価格制の機能」『埼玉学園大学紀要』経営学部篇第10号、2010年を参照）。

価格面では1924年を100とした指数で1929年時点をみると、総合鋼材価

格は図 11-1 のように若干の下落傾向を示しながらも安定をみせている。個別的にはレール価格は 1931 年まで不変である。構造用形鋼 87.7、厚板 91.0、鋼管は 1927、1928 年に 0.1 減をみせるが 100 である。棒鋼 87.3、線材 88.9、熱延薄板 76.0、冷延薄板 81.2、ブリキ 97.3 と軽量鋼材類の下落が大きいといえる[3]。

1920 年代後半における鋼材市場は自動車、家電といった耐久消費財の台頭に伴う軽量鋼材需要が拡大をみせ、それへの生産能力の対応を鉄鋼各社は迫られることとなる。鉄鋼業は 1924 年、1927 年と軽い景気後退を挟みながらも多様な鋼材市場に支えられ、高位安定を呈する鋼材価格と相まって高収益を享受し資産拡大を推進していく。

蓄積面をみると、1920 年代の鉄鋼業の資本蓄積には前半期と後半期とでは質的差異がみられた。前半期の固定資本拡張は 1923 年の景気回復に牽引された生産増大が先行した形での設備投資であったが、後半期のそれは 1925-1926 年好況における鋼材需要の拡大を見越した大型先行設備投資を特徴とし、生産コストを一挙に引き下げる効果をもった。後半期の鉄鋼業は生産性の向上によって鋼材需要のさらなる拡大と生産能力増強を実現するとと

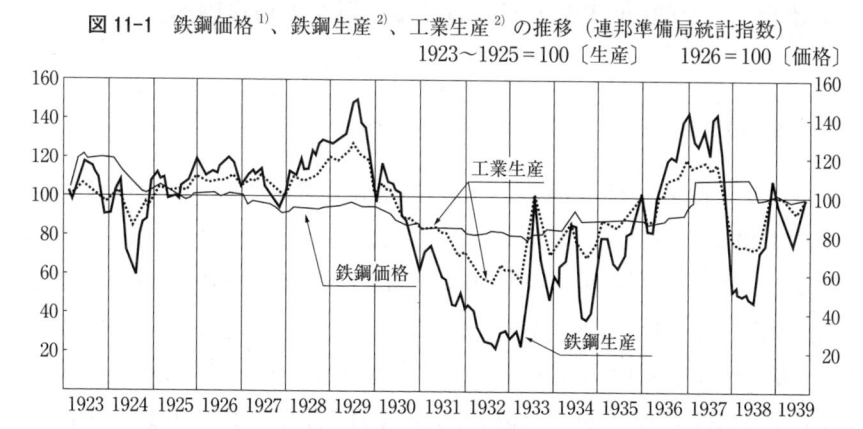

図 11-1 鉄鋼価格[1]、鉄鋼生産[2]、工業生産[2] の推移（連邦準備局統計指数）
1923～1925 = 100〔生産〕　　1926 = 100〔価格〕

出所：1) *TNEC, Hearings*, Pt. 26, pp. 13812-14.
　　　2) *TNEC, Hearings*, Pt. 26, pp. 13861-2 の月間指数をグラフに作成した。

もに鋼材価格の下方硬直性と相まって高収益を獲得し、その収益を設備投資に再投資する設備投資主導型の資本蓄積であった。実態的には製銑部門では大型高炉、製鋼部門では小型平炉、ベッセマー (bessemer) 転炉から大型平炉、電気炉への転換の進行がみられ、圧延部門では連続圧延式ホットストリップ・ミル (hot-strip mill)、コールドリダクション・ミル (cold-reduction mill) や圧延能力の大型化が進展したのである。

1920年代末の好況期における鋼材市場は産業全般に及ぶ多様な鋼材需要に支えられ、鉄鋼企業は個別的には鋼材需要の多様化に対応する生産性上昇を図る設備近代化計画を講じた。資金的には、1920年代の鉄鋼業の設備投資資金が内部留保資金を中心に賄われてきたが、1929年秋における New York 証券取引所の株価の暴落を嚆矢とする大恐慌は内部留保資金を株式、社債の形で保有していた鉄鋼企業にも多大な損害をもたらした。その結果、鉄鋼各社は繁栄期に蓄積してきた内部留保資金を激減させ資金の枯渇に直面する。それは1930年代における鉄鋼企業間の資金的余力の格差を決定づけ、1929年恐慌以降の不況対策に対する企業行動の差異を規定したのである[4]。

次に、1920年代繁栄期における鉄鋼業の市場動向を詳細に考察していこう。

3 1920年代繁栄期における鉄鋼業の市場動向

3-1 1924-1926年（軽微な後退から好況へ）

1923年に再建された Pittsburgh 基点価格制の機能によって鋼材総合価格指数は40%も上昇した（図11-1参照）。鋼材価格の引き上げは住宅、自動車、鉄道を主とする景気回復に伴う生産増と相まって鉄鋼企業の収益を好転させた。だが、自動車、石油、ガス・水道部門からの需要後退に伴い1924年春から夏にかけて景気後退がみられ、3月の製銑高／月3,466千gt（グロストン）から7月には1,785千gtへと減少した。7月の水準は1922年1月1,645千gt以来の最低水準である。製鋼高／月では3月3,972千gt、操業率90%か

ら7月には同 1,772 千 gt、同 55%へと減少する。それは鋼材消費者が過剰生産から在庫の長期化を予想し鋼材購入に対する慎重姿勢をとったからである[5]。1924年7月を底にして9月から需要回復とともに生産が急上昇をみせ、12月には製銑高／月が 2,962 千 gt、1925年3月には 3,564 千 gt と 3,000 千 gt 台に達した。製鋼高／月も同様な生産水準を辿る。1924年12月には 3,370 千 gt と 3,000 千 gt 台にのせ、1925年3月には 4,242 千 gt、操業率は 92.6%の好調を維持する。

　1924年の景気後退期における鋼材市場は鉄道、建設といた重量鋼材を中心に底支えられつつ、同年秋口からの自動車、農機具の回復と石油・ガス・パイプライン、製罐からの需要の増大によって市況は復調し、1925-1926年に市況が活況を帯びる。1925年4月から7月にかけて鉄鋼生産は下げを記録するものの8月から増勢に転じ、1926年3月まで増勢を堅持する。1926年通年では鉄鋼生産は夏の農業の季節需要の減退と自動車需要の一巡化に伴う鋼材需要収縮を鉄道からの需要増大で底支えられつつ、大雨と西部の洪水被害も重なったとはいえ高原状態のまま1927年3月まで推移する[6]。

　製銑高／月をみると、1925年3月のピークから7月の 2,664 千 gt の底まで後退をみせた後、10月には 3,023 千 gt、12月 3,250 千 gt と好調を保ちつつ 1926年2月に 3,000 千 gt を若干下回る以外は 1927年6月まで 3,000 千 gt 台が堅持される。製鋼高／月も同様な好調を示した。1925年3月のピークから緩やかに後退が夏まで続いたが、秋からの鋼材需要の急上昇を受け 12月には 3,472 千 gt、製鋼率 74.4%を呈した後、1926年1月には 3,922 千 gt、同 98.7%と復調し 3月には 4,469 千 gt、同 102.9%を記録する。同年12月に 3,291 千 gt と減産をみせるが、1927年3月の 4,293 千 gt、同 102.6%を呈し、その好調は同年6月 3,309 千 gt、同 73.1%まで続く。

　この間、固定資本投資が継続的にみられ、鉄鋼業は全製造業の 10%を占め景気を支える役割を担い、また、それが鋼材需要拡大化に結実するのである。1923年から開始された固定資本投資は旧設備を更新しつつ老朽設備の廃棄を通した過剰資本処理が施されたが、その一方では新規資本投資による

設備の大型化が実現されたのである。その新規設備能力の増大化は旧設備をさらに過剰化させ過剰生産能力を形成することになった。同期の新規固定資本投資は中西部を中心に拡大する自動車生産に資材を提供する軽量鋼材を中心とした鋼材需要の拡大を見込んだ鉄鋼各社が、合理化投資競争を展開した投資であった。その結果、現行の鋼材需要を超える過剰生産能力を抱え込んだ鉄鋼企業は市場支配力が比較的脆弱な軽量鋼材を中心に価格引き下げ競争を展開しシェア拡大競争に走った。だが、それは消費者の買い控え心理を増幅させ需要を冷え込ませたのである[7]。

鋼材価格面では1924年春から夏にかけての軽微な景気後退後、同年末から1925年初頭にかけての鋼材需要の回復に伴い鋼材価格も全般的に引き上げられ、1925年春には若干の下落はみるものの、1925年10月には全国平均製鋼率が春の70％台から80％台に上昇し、鉄道を中心に重量鋼材の復調と相まって市況は堅調を呈していく。それに引き摺られ価格は秋口には薄板2-4㌦/㌧、棒鋼2㌦/㌧と上昇した。同年11月には全国平均製鋼率が90.7％を示す中、東部市場の鋼材価格はストリップ (strip)、薄板、棒鋼が2-4㌦/㌧と相次いで引き上げられ、1926年を通して高価格水準を維持された[8]。好調さを示すものとして、1926年の4月にはU.S. Steel Corp.の製鋼率が100％に達した[9]。1926年にも同社は鋼材価格を5-6月に2㌦/㌧引き上げ、Chicago市場では厚板、シェープ (shape) が2㌦/㌧の値上げがなされた[10]。

同期間の固定資本投資は合理化投資による旧設備の廃棄、スクラップを通して過剰資本を処理するものであったが、それを上回る高い生産性の設備の新設・追加は生産能力の過剰化を一挙に増大させた。同期間の特徴は高位安定的価格に維持される複数基点価格制下で、過剰生産能力の形成が好況下では価格抑制へ導き、下方硬直的価格の安定化が維持されなかったことである。しかも、価格硬直下でも企業収益は合理化投資による生産コストの削減を通して増大しえたのである。まさに、1924年に採用された複数基点価格制は価格の高位安定と高収益を企業に提供したといえる。

3-2 ▎1927-1929年（軽微な後退から株式市場の瓦落）

　1926年10月から市況は低迷に入り、鉄道レール需要で鋼材需要の収縮を補っていたが、製鋼率は12月末に73％へ低下した結果、中堅鉄鋼企業を中心に薄板、棒鋼、ワイア・ロッドが2^{ドル}／$_{トン}$下げられ鋼材需要の増加が図られた[11]。1927年初頭は厚板、棒鋼、鋼管、ブリキが活況を示した。地域的には西部市場が製鋼率を上昇させたのに比して東部市場は停滞している。1月末から自動車からの需要が増大し、合金棒鋼は自動車用鋼材としてフル操業に近い状態であった。Chicago市場の価格引き下げは東部市場の競合に対応するものであったが、鋼材市況はそれに牽引されつつ活況を呈してきた。
　1927年2月の棒鋼、シェープ、厚板、薄板、線材の完成鋼材は1月比で1-4^{ドル}／$_{トン}$も低い結果、2月末からは鋼材需要の早期引渡し要請も強まり、圧延鋼材のストリップが2-4^{ドル}／$_{トン}$引き上げに転じた。東部市場でも鋼材生産の低迷から増加に転じ、製鋼率は2月末ではU.S. Steel Corp. 88％、独立鉄鋼企業80％、2月の平均製鋼率は86.3％と1926年12月に比して3.4％上昇した[12]。1927年3月は鉄鋼生産が好調を博し、農機具、繊維、石油、自動車からの需要が高い。主要鋼材操業率をみると、レール85％、スパイク、ボルト60％、帯型厚板85％、ブリキ90％である[13]。だが、4月には自動車需要が減少し、4月の鋼材販売高は3月比で減少を示した。地域別市況ではPittsburgh地区の製鋼率は80％と3月比で10ポイントも下回った。Chicago地区は同比で2％減、Birminghamを含む南部地区はMississippi渓谷の洪水による復旧工事に伴う鋼材需要もあり同比でも不変であった。同地区の川下では鉄道再建に伴うレール需要が鋼材生産を支えた。また、ここにきて薄板価格の4-6^{ドル}／$_{トン}$値上げをYoungstown Sheet & Tube Co.が発表するが、5月には市況の厳しさが広まるにつれて完成鋼材価格が値下げされ、薄板も2^{ドル}／$_{トン}$下落する。6月には製鋼高が5月比で13.7％も下落し景気後退を呈した[14]。
　1927年の上半期は鉄道、建設に支えられて前年同期比で1.5％減にとどまっ

た。7月の製鋼率はU.S. Steel Corp.が67％、他企業が60％である。だが、7月は農業関連鋼材需要の好調もあり鋼材需要の増加がみられた。また、中西部市場ではFordの新型車投入が遅れ8月前半までは鋼材需要が増加する兆しがみられない。8月になっても鋼材需要は建設を除いて低迷状態にあり、製銑高は1925年8月以降最低水準にある。一方、製鋼高は増大を示し製鋼率は70％へと上向く。8月の鉄鋼業全体の売上が前月比で15％増加を記録し一時的回復をみせ、U.S. Steel Corp.の圧延鋼材受注残高も7月比で10万トン増加している[15]。だが、9月の市況は再び悪化し11月まで市場は収縮を続け、全米製鋼率で64％を一時的に記録する。市況は10月には若干回復するものの、11月には1927年の底を記録した[16]。薄板、ストリップ、棒鋼、線材を含む軽量鋼材の取引は低迷状況にあり、価格も弱含みで推移している。一方、重量鋼材は価格の下方硬直を示した。1928年第1四半期向け出荷価格が鉄道、建設、輸出需要を中心に2-3ドル/トン値上がりし、鋼材では薄板、棒鋼、厚板、形鋼、鋼管が市況を牽引したのである[17]。

　1928年初頭には軽微な後退から回復し、自動車、鉄道、建設を中心に支えられた鋼材需要増は広範な鋼材に及んだ。それを牽引したのが鋼材価格引き上げと重量鋼材需要の増大である。U.S. Steel Corp.は製鋼率90％、独立企業は85％と高い操業率にあった。価格の引き上げによる買い控えで5-7月には製鋼率が下がりU.S. Steel Corp.は7月に75％、独立企業は69％を記録した週もあった[18]。鉄鋼生産の減少は夏季需要の後退が原因であるが、Carnegie Steel Co.は棒鋼、シェープ、厚板の第3四半期向け鋼材出荷に対して1ドル/トンの値上げを発表し、他の企業も追従する様子をみせた。だが、値上げにもかかわらず、鋼材需要面では鉄道、石油、建設、自動車、農業関係からの鋼材需要が活性化し、殊に、農業からのトラクター用鋼材需要はこの10年間で最も高かった[19]。8月は季節需要が落ち込むのだが、石油からの採掘用棒鋼、鋼管、備蓄タンク用鋼材で厚板、リベット需要が急拡大を呈し、また、鉄道レールも鋼材需要を支えた。同月末からは半完成鋼材から完成鋼材に至る全鋼材需要の拡大がみられ、鋼材需要の拡大に伴う鋼材価格の

上昇があった。冷延棒鋼は2ドル／トン、ストリップ2-4ドル／トン、シートバー1ドル／トンと値上げが行われた。全米製鋼率は75％、U.S. Steel Corp. 80％、独立企業72％である[20]。9月の需要減退後、10月は鉄道、石油を中心とする鋼材需要の堅調に支えられ鋼材需要の増大を記録する。秋口にかけて独立企業は薄板、棒鋼、厚板、シェープ、線材を1-2ドル／トン引き上げた。10月を境に在庫調整に入った自動車からの鋼材需要が縮小をみせるが、鋼材需要の回復により鉄道需要が増大し、10-12月の製銑高は1920年代でピークを記録した[21]。

1929年1月は鉄道レール需要が急増し、Chicago地域のレール工場の操業率は55％から75％へと増加したほどである。自動車からの需要改善が顕著で西部地区の熱延ストリップ・ミルはフル操業状態に達した。薄板製造大手American Sheet & Tin Plate Co.は薄板生産ミルが96％の操業率を堅持している[22]。ブリキや構造用形鋼も活況を呈した。こうした好況下での競争も軽量鋼材市場では価格競争の様相をみせた。帯型厚板が1ドル／トン値下がる一方で、引き合いが逼迫しているストリップ、リベットは2ドル／トン、4ドル／トンの値上げがみられた[23]。

3月には製鋼率が99.2％とフル操業状態に達し、5月のピーク時を含めて90％台は2-9月まで7ヶ月間に及んだ。3月に鋼材不足が顕著になり、殊に自動車鋼材供給地であるValley地区は自動車生産の増大見込みから薄板、ストリップ需要が拡大した結果、薄板、ストリップ・ミルの操業に支障をきたしてきた。Chicago地区では鉄道用厚板の調達が困難を極め、鋼材消費者は在庫量の減少に対処するために大量の鋼材注文を殺到させたのである。自動車、鉄道、石油、ガス、造船、農業関連、建設、道路建設、食品加工、機械といった部門からの多様な鋼材需要に支えられChicago地区の製鋼率は100％、Great Pittsburgh地区でも同95％を記録する。4月にはU.S. Steel Corp.の製鋼率が100％を記録し、8月中頃まで100％状態を維持し[24]、Chicago地区での鋼材不足への対応として同社はDuluthの第2高炉を稼動させ100％操業状態で応えた。価格面では半完成鋼材不足が深刻化する中で、

4月に半完成鋼材であるビレット、シートバーが2㌦／㌧、1㌦／㌧引き上げられた。また、厚板、シェープ、スパイクもそれぞれ2㌦／㌧、3㌦／㌧、1㌦／㌧引き上げられた[25]。5月から自動車が新型モデル生産のために生産削減に入ると、若干の鋼材需要の減退がみられるものの、鉄道、石油、ガスからの需要の拡大によって補填されたのである[26]。

　8月は鉄道からの需要が後退をみせ全米製鋼率が90％を下回るが、U.S. Steel Corp. は91％を維持していた。9月には自動車からの需要の収縮幅が拡大し、鉄道、農業関連からの需要増大で支えられた。自動車鋼材依存度が高いMahoning Valley地区の製鋼率は10月半ばでU.S. Steel Corp. が78％、独立企業が65％である。自動車用車体に使用される薄板、黒板価格が11月出荷価格で2㌦／㌧引き下げられた[27]。自動車からの需要減とは対照的に鉄道、農機具、建設、造船は堅調な鋼材需要を提供している。10月の株式市場での恐慌の影響が鋼材市場面に未だ波及されておらず、10月の恐慌発生時でも製鋼率は85.2％と高位水準を堅持した。11月上旬でのU.S. Steel Corp. の製鋼率は82％、独立企業70％、月平均では68.9％と景気の影響がみられてくると12月は鉄鋼生産の下落が加速する。同月平均の製鋼率は59.1％に落ちた[28]。もっとも、年平均では88.8％という高い数字を記録し、1929年は通年では好況年といえよう。

　製銑・製鋼両部門の動向をみると、製銑部門は1926年12月の3,091千gtから1927年2月には2,940千gtと減少した後、鋼材需要の好調さに比例して3月には3,483千gtをピークに下降を辿る。11月は2,648千gtを底に1928年3月には3,200千gtと3,000千gt台を回復、以降1929年11月まで3,000千台を維持する。1929年は12月においても2,836千gtと高い水準を記録した。1929年は通年でも42,500千gtと1920年代最高を記録する[27]。製鋼部門では製銑部門と同様に1927年3月の4,293千gtをピークに同年11月の2,960千gtまで減少をみせた後、1928年3月の4,260千gtまで増勢を呈する。同年6-7月の夏季需要の縮小により大幅な減産をみせた後、秋需要の増加に伴い10月には4,395千gtと同年のピークを記録する。同年12月の若干の

後退を除いて、1929 年 5 月にはピークの 4,984 千 gt を記録し 10 月まで 4,000 千台を維持する。11 月は 3,320 千 gt、12 月には 2,737 千 gt と急減したが、1929 年通年では 51,191 千 gt と 1920 年代最高水準であった[29]。

このように 1920 年代後期の鉄鋼生産は 1926 年から 1929 年まで 1927 年の軽い後退を挟んで一貫した増勢傾向を示し、1920 年代繁栄期を支える主要な支柱を果たしたのである。

次に、1923 年以降の鋼材需要変化に対する鉄鋼業の蓄積を主要企業の収益、資産からみてみよう。

4　鉄鋼業の鋼材需要・生産動向

1924 年以降の複数基点価格制下での鉄鋼業は、単一基点価格制下の価格水準と同じかそれ以上に設定された価格水準に基づいて自動車、鉄道、建設に牽引されて各地の生産能力の拡張が刺激され、工場の地理的拡散が促進されたのである。

鉄鋼業は鉄鋼生産に必要な原材料産出地近郊に工場を設置し、原材料の運送費を節約するために特定地域に集中した。だが、1924 年の複数基点価格制の採用以降、主要鉄鋼生産地が東部から拡散し、生産拠点地に基点価格を設定するようになった。主要生産地は Pittsburgh、Ohio River、Great Lakes Cities、Birmingham、Eastern Pennsylvania、Maryland 地域、Pittsburgh － Youngstown、Buffalo、Sparrows Point（Md.）地域、Philadelphia － Bethlehem － Chicago － Gary 地域、量的には僅少ではあるが、Colorado、West Coast である。

鋼材需要面では薄板、ストリップは Philadelphia、Chicago、Cleveland、Cincinnati、Detroit である。製造用形鋼は大都市からの需要が多いが、大都市からの需要は予想できない変動がある。また、形鋼を使用する事業は全国的にみられ、東・西海岸地域での造船業、Pennsylvania の鉄道からの需要が大きい。ブリキは New York、Chicago、西海岸地域からの需要が大きく、

また、製罐産業地域からが中心で季節変動が大きい。鋼管類は全国的にみられ、特に石油産出地の Texas、Oklahoma、西海岸に集中している。

　少数の特定地域からの需要が多い鉄鋼業は低コスト生産を実現するには高稼働率を必要とする。そのためには、多様な鋼材生産が望ましく、少数の完成鋼材類を生産するために施設を統合することはリスクが高く、地域を超えた市場開拓が希求される。鉄鋼企業は季節変動の生産不安定を回避するためには、個別鋼材の主要市場近くに生産拠点を構える必要がある。その結果、多様な鋼材需要は比較的限定された消費地域に集中したのである。だが、自動車、コンテナ産業は特定鋼材を限定せずに、鋼材市場全般に需要を広げていた[30]。

　完成圧延鋼材の産業別消費量変化を 1923 年、1929 年でみると、

	1923 年	1929 年（単位：千 gt、カッコ内は比率）
自動車	4182（13）	6565（16）
農業	1345（4）	2733（7）
鉄道	8424（25）	7288（18）
建設	4935（15）	7717（19）
造船	291（1）	309（1）
軽量コンテナー	1205（4）	1707（4）
機械	1043（3）	1811（4）
鉱業*	289（1）	288（1）
石油・ガス・水道	3503（11）	3388（8）
輸出	2036（6）	2228（5）
家具・備品**	504（1）	625（2）
その他	6313（19）	6405（16）
合計	33277（100）	41069（100）

　＊ 鉱業は 1923-1925 年においては石油・ガス・水道に含まれている。1926 年から記載。

　＊＊家具・備品は 1923-1927 年はその他に含まれている。1928 年か

ら記載。

（*TNEC*, Pt.26, pp. 14096-14097. から作成）

　建設、鉄道、自動車、農業、石油・ガス・水道、機械、軽量コンテナーが1923年以降の鋼材需要を牽引していたといえる。鉄道は自動車の台頭で比率を7ポイントも大きく後退させたが、絶対数値では建設に次いで第2位を占め、1920年代の鉄鋼生産を底支えした。

　生産動向をみると、

	1923年	1929年（単位：千gt）
製銑能力	43,700	45,600
製銑高	27,000	42,500
粗鋼生産能力	58,645	63,784
粗鋼生産能力／1人	1,178 ポンド	1,176 ポンド
粗鋼生産高	44,944	56,433
粗鋼生産／1人	903 ポンド	1,039 ポンド
圧延鋼材生産高	33,277	41,069

（*TNEC*, Pt. 1, p. 207, *Ibid.*, Pt. 26, pp. 13848-13852, p. 13854, p. 13844, *Ibid.*, Pt. 31, p. 17747. から作成）

　製銑能力は実際上の能力を示し、生産高は最大需要の条件のもとで達成される数値である。1923年と1929年の生産差をみると、1923年比で製銑能力では1,900千gtの増であったが、製銑高では15,500千gtの増であった。稼働率が高まった結果の増加といえる。粗鋼生産能力は5,139千gtの増加と粗鋼生産能力／1人のほぼ同水準は、規模の拡大化と合理化が進行しての増加であった。粗鋼生産高では11,489千gt増、粗鋼生産／1人は136ポンド増である。それは生産性の増加が主因であった。完成圧延鋼材生産高は7,792千gt増であり、鋼材需要の拡大期間であったといえる。

　粗鋼生産能力と粗鋼生産にはかなりの数値格差があるのは、設備規模の大型化が進む一方で、旧設備の廃棄が十分に進まず、遊休能力の保存が持続されたと考えられる。

その遊休能力形成要因には以下の要因があげられよう[31]。

① 季節需要：電話、電灯、電力、造船、波止場施設、アイスクリーム、自動車製造用薄板、ブリキ等は季節需要が強く、需要の振幅が大きく、一時的な遊休能力を形成する。

② 季節的供給変動：製罐、レンガ、伐採材木搬出等の施設での鋼材需要に対しては原材料在庫を増加することで鉄鋼業は季節変動リスクを回避する結果、一時的遊休能力を形成する。

③ 技術変化、代替製品化、法律上の禁止、鋼材加工消費財のスタイル変化：鋼材加工製品のスタイル変化は新機械設備を必要とする。旧設備は耐用年数未満の場合は保存され、需要急増の予備能力を担う結果、遊休能力を生み出すことになる。スタイルの変化は鋼材加工製品で生じ、鉄鋼製品の質の技術改善に連動するのである。連続式圧延ミル (continuous rolling mill) の登場は高品質の薄板を自動車に提供したが、旧式のハンドローリング・ミル (hand rolling mill) は他の用途で使用されるために廃棄されずに予備能力として有益である。

④ 一時しのぎの購買：製品在庫を抱え込むことはスタイル変化によって生ずる経費負担のリスクを意味する。消費財産業は消費需要変化に対応する余力の生産能力を有する傾向がある。

⑤ 技術的進歩と廃棄：技術革新は旧設備の生産能力を高める結果をもたらす。旧設備は効率性で劣るが、需要の急増時の供給対応によって価格の急上昇を抑制する。

⑥ プランニング・アヘッド (planning ahead)：ある産業は成長後に予想された成長に伴い新規投資を行い、一時的な遊休能力を形成する。

⑦ 競争要因：競争の結果として鉄鋼業全体は生産能力の重複化傾向をもち、重量鋼材から軽量鋼材への需要変化の進行で重量鋼材生産部門の過剰能力化を抱え込むことになる。

5 結びに代えて：主要鉄鋼企業の資産、収益率

1920年代繁栄期の鉄鋼企業の蓄積を粗固定資産成長率で1921-26年平均と1926-1930年平均の加算でみてみよう[32]。

Republic 53.5％、Youngstown 42.5％、Armco 39.9％、Bethlehem 22.6％、Inland 18.1％、Jones & Laughlin 12.1％、Wheeling 11.7％、Pittsburgh 11.1％、Sharon 8.6％、U.S. Steel 7.3％、Crucible 6.1％であった。

資産規模の小規模な企業の拡張率が高いといえる。これを企業の規模別群で鉄鋼業のみの成長度を示す粗鋼生産能力の全米比率でみると、上位3社 (U.S. Steel、Bethlehem、Republic) は1920年48.1％、1926年54.6％、1930年59.2％、中位4社 (Jones & Laughlin、Inland、Armco、Youngstown) 9.6％、15.0％、18.7％、下位4社 (Crucible、Pittsburgh、Sharon、Wheeling) 5.0％、5.6％、6.0％である。

上位3社の比率が高いのはBethlehem、Republicが行った合同の結果であった。中位の4社は産業構造の質的変容に生産体制を適合させて軽量鋼材需要に対応した生産に特化した結果である。中位4社は好況期に急成長カーブを示し、好況期の後半から最も高い成長率をみせる。粗固定資産形成は不況期においても好況期から継続されている。不況期からの継続事業は維持管理費用の巨大さおよび投下資本の回収困難性から設備建設を完成させた後に、景気動向に対応した操業率操作で対応するのが鉄鋼業に共通する策であった[33]。特にYoungstown、Inland、Armcoは合同の結果の成長ではなく、資本蓄積の結果であり類似の成長をみせた。下位の4社は粗鋼生産能力率を高めてきた。

1901年から現存してきた8社は第1次大戦で製鋼能力を増大させた以降は、成長パターンの類似性がみられる。Wheeling Steel Corp.、Sharon Steel Corp.を除いて各企業の1920年代の成長は資本集中運動に参画したか否かに規定されていたといえる。主要11社は1920年の62.7％から1930年には

83.9%へと生産能力比率を伸ばし寡占化を強めた。1920年代繁栄期はU.S. Steel Corp.を除く上位と中位の企業が躍進し、鉄鋼市場面では特定の鋼材需要に対応する専門分野に特化した中堅鉄鋼企業の成長が顕著であった。

次に、総資産収益率をみてみよう。総資産は企業規模の変化の尺度に好都合な数値であり、有形資産、有価証券、在庫、資金を反映し、生産手段の支配、生産活動の成果の数値を示す。総資産収益率を1923-1929年の平均総資産収益率でみると[34]、Inland 13.78%、Youngstown 8.37%、Armco 7.3%、Republic 7%、U.S.Steel 6.34%、Wheeling 5.81%、Sharo 5.71%、Pittsburgh 5.38%、Crucible 5.34%、Jones & Laughlin 5.21%、Bethlehem 5.08%の順である。

1920年代は上位鉄鋼11社が全米粗鋼生産能力比率の80%を占め、資本集中による合同と小規模企業の淘汰の過程であった。それ以降の鉄鋼業は大恐慌期における株式市場の低迷による資金調達の困難と市場の寡占化で、資本集中がほとんどみられず上位企業の集中比率は不変を呈する。絶対的な安定を示したのがU.S. Steel Corp.であった。1920年代での製鋼能力比率の地位変動は1920年代初期のBethlehem Steel Corp.の躍進とYoungstown Sheet & Tube Co. Inland Steel Corp.の内包的資産拡大の能力増強によるものであった。

設立後各社は資産拡張を図りつつ高い利潤を獲得してきたが、その利潤の用途は企業規模の差異によって共通性が窺える。大企業は利潤を株主配当支払いに充当し、小規模企業は利潤の大半を内部留保資金に充当しているのである。それは、小規模企業は資本市場での資金調達条件が厳しいため、銀行からの借入利率も大企業に比して高く、資産担保の脆弱性から手続き費用も高い短期融資に限定される事情により内部資金に依存するのである。この点は、各企業の個別研究に譲るとしよう。

注

(1) 1920年代のアメリカ鉄鋼業分析は景気動向との関係では石崎昭彦「両大戦間期のアメリカ鉄鋼業—蓄積過程を中心にして—」『商経論叢』神奈川大学経済学会、第3巻第4号、1968年。William T. Hogan, *Economic History of the Iron and Steel Industry in the United States*, Toronto and London, 1971. Chapter 34, *TNEC*, Pt. 26. Pt. 27, *Commercial and Financial Chronicle* 各年度を参照。石崎論文は鉄鋼資本の景気動向を基軸に両大戦間期間を分析し、個別鉄鋼資本の研究の補完を必要とする示唆を与えている。

これに対して、黒川博『U.S. スティール経営史』ミネルヴァ書房、1993年では経済的社会的条件変化に規定された鉄鋼企業の分析を U.S. Steel Corp. 成立から1930年代のニューディール期の労使関係まで展開している。1920年代の需要構造変化と市場構造変化との関係は Hogan 編著と TNEC に依拠しつつ外観を提示しているが、景気動向と資本蓄積はさらなる考察が求められよう。小林清人「アメリカ鉄鋼業の基点価格制」『経営志林』法政大学、第6巻1・2号、1969年では、1920年代のアメリカ経済構造の変化に対応する鉄鋼価格制度を展開し、独占・非独占部門間の格差現象を指摘し、独占部門の代表として鉄鋼業を考察している。

(2) *TNEC, Monograph*. No. 13, pp. 252-523. *TNEC*, Pt. 27, pp. 14630-14631. *Commercial & Financial Chronicle*, Vol. 119, July 26, 1924, pp. 389-392. Aug. 30, 1924, pp. 1002-1003.

(3) *TNEC*, Pt. 26, p. 13794, p. 13884.

(4) Gertrude. G. Schroeder, *The Growth of Major Steel Companies, 1900-1950*, Baltimore, 1953. 参照。

(5) *Commercial & Financial Chronicle*, April 19, 1924, p. 1843. May 3, 1924, p. 2116. Aug. 23, p. 870.

(6) *Commercial & Financial Chronicle*, June 9, 1926. Oct. 16, 1926, pp. 1941-1942. Oct. 30, 1926, pp. 2198-2199. Nov. 13, 1926, p. 2461.

(7) *Commercial & Financial Chronicle*, May 24, 1924, p. 2501.

(8) *Commercial & Financial Chronicle*, May 3, 1924, pp. 2116-2117. 薄板、ボルト、ナット、フープの価格下落は大きかった。*Ibid.*, May 24, 1924, p. 2501. Chicago の工場出荷価格は Pittsburgh 価格よりも厚板、シェープ、棒鋼の価格は1ドル/トン～7ドル/トンの引き渡し価格で取引を行っていた。U.S. Steel Corp. は薄板を4ドル/トンで販売せんとしたが、あるメーカーは1～3ドル/トンで販売していた。*Ibid.*, June 7, 1924, p. 2759. それに対抗して U.S. Steel Corp. も引き下げを断行し、その価格差が消失した。*Ibid.*, April 11, 1925, p. 1826. May 9, 1925, p. 2354., 2, 1925, p. 2100. Nov. 7, 1925, p. 2215. Dec. 12, 1925, p. 2814. Dec. 26, 1925, p. 3065.

(9) *Ibid.*, April 10, 1928, p. 1986.

(10) *Ibid.*, May 29, 1926, p. 3023. June 9, p. 3399.

(11) *Commercial & Financial Chronicle*, Jan. 1, 1927, pp. 27-28. Jan. 22, 1927, p. 450, p. 527. Jan. 29, 1927, p. 664. Feb. 5, 1927, pp. 708-709.

(12) *Ibid.*, Feb. 5, 1927, pp. 708-709. Feb. 26, 1927, p. 1147. March 5, 1927, pp. 1284-1285.
(13) *Ibid.*, March 26, 1927, p. 1750, p. 1862. April 2, 1927, p. 2011.
(14) *Ibid.*, April 23, 1927, p. 2365. April 30, 1927, p. 2518. May 14, 1927, p. 2829. June 1, 1927, p. 1516. July 16, 1927, p. 324.
(15) *Ibid.*, July 30, 1927, p. 588. Aug. 13, 1927, p. 859. Aug. 20, 1927, p. 989. Sept. 10, 1927, p. 1400, p. 1477.
(16) *Ibid.*, Sept. 24, 1927, p. 1648. Oct. 15, 1927, p. 2051. Nov. 12, 1927, p. 2614.
(17) *Ibid.*, Nov. 19, 1927, p. 1927. Dec. 31, 1927, p. 3556. Jan. 7, 1928, p. 27.
(18) *Ibid.*, April 21, 1928, pp. 2407-2408. May 19, 1928, pp. 3048-3049.
(19) *Ibid.*, June 9, 1928, pp. 3523-3524. July 7, 1928, pp. 31-32. July 14, 1928, pp. 194-195. July 21, 1928, p. 341.
(20) *Ibid.*, Aug. 18, 1929, pp. 893-894. Aug. 25, 1928, pp. 1032-1033.
(21) *Ibid.*, Nov. 17, 1928, pp. 2755-2756. Jan. 5, 1929, p. 31.
(22) *Ibid.*, Jan. 12, 1929, pp. 183-184. Feb. 12, 1929, p. 978.
(23) *Ibid.*, Feb. 16, 1929, p. 978. Mar. 30, 1929, pp. 2001-2002. April 27, 1929, p. 2730.
(24) *Ibid.*, Mar. 16, 1929, pp. 1662-1663. June 8, 1929, pp. 3109-3110. Aug. 10, 1929, pp. 887-888.
(25) *Ibid.*, April 20, 1929, pp. 2547-2548.
(26) *Ibid.*, May 4, 1929, pp. 2912-2913. July 27, 1929, p. 553. Aug. 17, 1929, p. 1055.
(27) *Ibid.*, Sept. 14, 1929, p. 1209. Oct. 5, 1929, p. 2317.
(28) *Ibid.*, Nov. 2, 1929, p. 2788. Dec. 28, 1929, p. 4054.
(29) *Ibid.*, Nov. 2, 1929, p. 2788. Dec. 28, 1929, p. 4054.
(30) *TNEC*, Pt. 27, pp. 14634-14631.
(31) *TNEC*, Pt. 27, pp. 14651-14653.
(32) Schroeder, G., *The Growth of Major Steel Companies, 1900-1950*, Baltimore, The Jones Hopkins Press, 1953. p. 207.
(33) *Ibid.*, p. 197.
(34) *Ibid.*, pp. 222-227.

‖ 引用・参考文献

Commercial & Financial Chronicle.
TNEC 資料、U. S. A. Government Printing Office, Washington.
U. S. Senate 85th Congress, U. S. A. Government Printing Office.
Burns, R., *The Decline of Competition*, McGraw-Hill, New York and London, 1936.
Hogan, W. T., *Economic History of the Iron and Steel Industry in the United States*, Lexington, Mass.: DC. Heath, Toront and London, 1971.
Schroeder, G. G., *The Growth of Major Steel Companies, 1900-1950*, Baltimore,

1952.
石崎昭彦『アメリカ金融資本の成立』東京大学出版会、1962 年
石崎昭彦「両大戦間期のアメリカ鉄鋼業―蓄積過程を中心にして―」『商経論叢』神奈川大学経済学会、第 3 巻第 4 号、1968 年
伊藤誠「鉄鋼業」玉野井芳郎『大恐慌の研究』東京大学出版会、1964 年
鎌田正三『アメリカの独占企業』時潮社、1956 年
黒川博『U. S. スティール経営史』ミネルヴァ書房、1993 年
呉天降『アメリカ金融資本成立史』有斐閣、1971 年
小林清人「アメリカ鉄鋼業の基点価格制」『経営志林』法政大学、第 6 巻第 1・2 号、1969 年
溝田誠吾『アメリカ鉄鋼独占成立史』御茶ノ水書房、1982 年
森杲『アメリカ資本主義史論』ミネルヴァ書房、1981 年
山下正明「第 1 次大戦とアメリカ経済の再編」『社会科学論集』埼玉大学経済学研究室、42 号（1978 年）、43 号（1979 年）、45 号（1980 年）、46 号（1980 年）、47 号（1981 年）

索　引

ア　行

IMF	172
アジア通貨危機	171
アジャスタブル・ペッグ制	173
アソシエーション	3
圧延部門	196
粗固定資産成長率	207
Ansoff, H. I.	27, 30
ウィーナー過程	179
Whittington, R.	33
Wilson, I.	21
ウェイクフィールド, E. G.	4
Weber, M.	44
SDR	172
NB	59

カ　行

Carnegie Steel Co.	200
外貨準備	171
改正貸金業法	126
確率加重関数	133
過剰資本処理	197
過剰生産能力	198
価値関数	133
株式会社	3
貨幣数量説	106, 111
貨幣退蔵	112
貨幣＝道具説	106
管理フロート制	173
技術的進歩と廃棄	206
技術変化、代替製品化	206
擬制的な価値	106
季節需要	206
季節の供給変動	206
期待効用理論	133
競争要因	206

協働	4
業務処理請負事業	163
金銀の自動調節機構	109
Grant, R. M.	28
グループ企業派遣	158
Gray, D. H.	28
グレーゾーン金利	122
グローバル・インバランス	171
経営の現地化	85
計画型モデル	19-20, 23, 28-29, 31
計画作成の落とし穴	24
計画された創発のプロセス	29
現地化	82
人材の――	89
人の――	85
公式化の誤り	25
構造変化	187
行動ファイナンス	136
顧客セグメント	60
国際収支	188
国際人的資源管理	76
国民経済計算体系	188
小坂井敏晶	39
固定効果	180
固定資本投資	197
古典派経済学	3
個別効果	184

サ　行

最適化アプローチ	178
在ベトナム台湾系企業	91
財宝	100
参照基準点	134
GARCH	182
時間効果	184
自社ブランド	69
支出切替政策	173

213

支出削減政策	*174*
事前決定の誤り	*24*
実践としての戦略	*33*
Jarzabkowski, P.	*33*
自由化業務	*152, 155*
重商主義	*98*
柔軟性と保障法	*161*
紹介予定派遣	*159*
紹介予定派遣制度	*152, 161, 165*
常用型派遣	*159*
常用雇用への転換推進措置	*158*
職業安定法	*163*
人材の二重構造	*77, 85*
Steiner, G. A.	*20*
スミス, A.	*5, 98-100*
製鋼部門	*196*
政治的不確実性	*187*
政治的腐敗度	*187*
製銑部門	*196*
専門26業務	*152, 155, 159, 162, 165-166*
戦略の意思決定プロセス	*19*
戦略の学習モデル	*27*
総経理	*82*
総資産収益率	*208*
創発型モデル	*19, 29, 31*
組織の概念	*44*
ソブリン・ウェルス・ファンド	*172*
損失回避	*134*

タ　行

多国籍企業	*76*
多国籍内部労働市場	*76*
多重債務問題	*124*
中條秀治	*44*
Davis, R.	*39*
テンプトゥパーム	*161*
テンプトゥハイヤ	*161*
登録型派遣	*159, 166*
登録型派遣労働者	*154, 158*
トレーサビリティ	*70*

ナ　行

内部留保資金	*196*
ナショナル・スタッフ	*83*
2009年問題	*157*
ニュー・オープン・マクロ経済学	*188*
ネガティブリスト方式	*152*
能力開発	*158*

ハ　行

Barnard, C. I.	*7, 39*
バーニー, J. B.	*8*
バッファー・ストック・モデル	*173*
パネルデータ	*173*
反射効果	*135*
PB	*55*
フェアトレード――	*71*
プレミアム――	*59*
非正規従業員	*152*
Pittsburgh基点価格制	*194*
日雇派遣	*158-159*
ヒューム, D.	*98, 102-104*
費用－便益分析	*178*
複数基点価格制	*203*
負のスパイラル	*86*
プランニング・アヘッド	*206*
VRIOモデル	*9*
フレーム効果	*147*
プロスペクト理論	*133*
分業	*4*
分離の誤り	*25*
貿易差額主義	*101*
訪問看護ステーション	*47*

マ　行

ミル, J. S.	*3*
Mintzberg, H.	*24, 26, 29-30*

ヤ　行

雇止め	*159*
U.S. Steel Corp.	*193*

| 遊休能力形成 | 206 | リカードウ, D. | 8 |
| 呼び出し労働者 | 160 | リスク追求－リスク回避 | 134 |

ラ 行

		Luhmann, N.	39
ランダム・ウォーク	179	連続的影響説	108
リーマン・ショック	171	労働者派遣法	151, 157
		ロック, J.	99-100

編著者紹介 （執筆順）

張 英莉（ちょう・えいり） 第5章
1959年生。一橋大学大学院経済学研究科博士課程修了、博士（経済学）
現　　職　埼玉学園大学経営学部教授
専攻分野　日本経済史、人材マネジメント論
主要著書・論文
『傾斜生産方式と戦後統制期の石炭鉱業』（雄松堂、2006年）、『インドネシアとベトナムにおける人材育成の研究』（共著、八千代出版、2010年）、訳書『日本戦後史』（中村政則著、中国人民大学出版社、2008年）

奥山忠信（おくやま・ただのぶ） 第6章
1950年生。東北大学大学院経済学研究科博士課程単位取得（経済学博士）
現　　職　埼玉学園大学経営学部教授
専攻分野　経済原論、経済学史
主要著書・論文
『貨幣理論の形成と展開』（社会評論社、1990年）、『富としての貨幣』（名著出版、1999年）、『ジェームズ・ステュアートの貨幣論草稿』（社会評論社、2004年）

執筆者紹介 （執筆順）

村田和博（むらた・かずひろ） 第1章
1966年生。広島大学社会科学研究科経済学専攻博士後期課程単位取得満期退学、九州産業大学経済学研究科博士後期課程修了、博士（経済学）
現　　職　埼玉学園大学経営学部教授
専攻分野　経営学史、経営管理論、経済学史
主要著書・論文
『経営学―学説、理論、制度、そして歴史―』（五絃舎、2005年）、『基礎から学ぶ経営学』（五絃舎、2009年）、『19世紀イギリス経営思想史研究―C.バベッジ、J.モントゴメリー、A.ユア、およびJ.S.ミルの経営学説とその歴史的背景―』（五絃舎、2010年）

文 智彦（ぶん・ともひこ） 第2章
1967年生。明治大学大学院経営学研究科博士後期課程単位取得満期退学
現　　職　埼玉学園大学経営学部教授
専攻分野　経営戦略論
主要著書・論文
『組織と戦略』（共著、文眞堂、2004年）、『現代社会の課題と経営学のアプローチ』（共著、八千代出版、2009年）、「戦略的意思決定プロセス研究における二分法とその統合可能性」『埼玉学園大学紀要』（経営学部篇第9号、2009年）

磯山 優（いそやま・まさる）　　　　　　　　　　　　第3章
1962年生。明治大学大学院経営学研究科博士後期課程単位取得
　現　　職　埼玉学園大学経営学部教授
　専攻分野　経営組織論、医療社会学
　主要著書・論文
『現代組織の構造と戦略―社会的関係アプローチと団体群組織―』（創成社、2009年）、『日本の中小企業の海外展開―成長戦略の側面から―』（日韓産業技術振興財団、2007年）

堂野崎 衛（どうのさき・まもる）　　　　　　　　　　　第4章
1976年生。中央大学大学院商学研究科課程後期課程単位取得退学
　現　　職　埼玉学園大学経営学部准教授
　専攻分野　マーケティング論、流通論、流通経済論
　主要著書・論文
『流通の理論・歴史・現状分析』（共著、中央大学出版部、2006年）、『現代流通事典』（共著、白桃書房、2006年）、『商業と市場・都市の歴史的変遷と現状』（共著、中央大学出版部、2010年）

相馬 敦（そうま・あつし）　　　　　　　　　　　　　　第7章
1958年生。早稲田大学大学院商学研究科博士後期課程単位取得満期退学
　現　　職　埼玉学園大学経営学部教授
　専攻分野　経済学、金融論
　主要著書・論文
『基礎から学ぶ教養の経済学』（共著、八千代出版、2003年）、『経済学の基本原理と諸問題』（共著、八千代出版、2009年）、『現代社会の課題と経営学のアプローチ』（共著、八千代出版、2009年）

中村健太郎（なかむら・けんたろう）　　　　　　　　　　第8章
1977年生。早稲田大学大学院文学研究科博士後期課程退学、博士（文学）
　現　　職　埼玉学園大学経営学部准教授
　専攻分野　心理統計学、行動計量学、教育測定学
　主要著書・論文
『マルコフ連鎖モンテカルロ法』（共著、朝倉書店、2008年）、『データマイニング入門』（共著、東京図書、2009年）、『共分散構造分析［実践編］』（共著、朝倉書店、2009年）

平野賢哉（ひらの・けんや） 第 9 章
1972 年生。明治学院大学大学院経済学研究科博士後期課程単位取得満期退学
　現　　職　東洋学園大学現代経営学部准教授
　専攻分野　人的資源管理論、労働市場論
　主要著書・論文
『女性の仕事環境とキャリア形成』（共著、税務経理協会、2006 年）、「人的資源管理時代における多様な雇用形態の意義」（経営労働協会『月刊 経営労働』Vol.45 No.524、2010 年）、『新版 人的資源管理』（共著、学文社、2010 年）

葛目知秀（くずめ・ともひで） 第 10 章
1973 年生。早稲田大学大学院商学研究科博士後期課程単位取得満期退学
　現　　職　大東文化大学経済学部社会経済学科講師
　専攻分野　国際金融論、国際通貨制度論、国際マクロ経済学
　主要著書・論文
『現代の金融―世界の中の日本―』（共著、昭和堂、2009 年）、「アジア諸国通貨における購買力平価からの乖離の半減期―中位不偏推定法とインパルス反応関数による分析―」（早稲田大学産業経営研究所ワーキングペーパー、No.2009-02、2009 年）、「アジア諸国通貨の対米ドル実質為替レートの時系列特性―単位根検定による基礎分析―」『埼玉学園大学紀要』（経営学部篇第 9 号、2009 年）

三浦庸男（みうら・つねお） 第 11 章
1948 年生。明治大学大学院経営学研究科博士後期課程単位取得満期退学
　現　　職　埼玉学園大学経営学部教授
　専攻分野　企業論、経営史
　主要著書・論文
『改訂版 現代経営学』（共著、学文社、2008 年）、『現代社会の課題と経営学のアプローチ』（共著、八千代出版、2009 年）、『現代経営管理要論』（共著、創成社、2009 年）

現代社会における企業と市場

2011年4月27日第1版1刷発行

編著者 ── 奥山忠信・張 英莉
発行者 ── 大 野 俊 郎
印刷所 ── 新 灯 印 刷
製本所 ── 渡 邊 製 本
発行所 ── 八千代出版株式会社

〒101-0061　東京都千代田区三崎町2-2-13
TEL　03-3262-0420
FAX　03-3237-0723
振替　00190-4-168060

＊定価はカバーに表示してあります。
＊落丁・乱丁本はお取替えいたします。

Ⓒ 2011 Printed in Japan　　ISBN978-4-8429-1547-0